Dizionario Brigos

Basta darmi dell'asino!

Sergio Brighetti

Sergio Brighetti

INTRODUZIONE

Questo mio scritto vuole essere una raccolta di vocaboli della lingua italiana e della lingua latina, che in parte vengono usati in modo improprio nella scrittura e nel parlato comune ma che ritengo essere importanti e che vorrei fossero conosciuti ed utilizzati dai più.

Oltretutto lo svilimento indotto dall'utilizzo di messaggi sul cellulare, che inevitabilmente richiede velocità e abbreviazione, ha in parte degradato anche il linguaggio di uso comune, spesso ed a sproposito contaminato da parole inglesi.

Molti dei vocaboli sotto riportati possono risultare anche desueti ma ritengo siano ancora molto centrati per una comunicazione efficace e comprensibile.

Eviteremo quindi, per quanto possibile, di fare la figura dell'asino.

Sergio Brighetti

Un ringraziamento particolare a Mara

per la comprensione e la pazienza,

ad Andrea per l'aiuto nell'impaginazione

e a Maria Elvira per l'editing.

ABBREVIAZIONI

agg = aggettivo

am = americano

anglam = angloamericano

avv = avverbio, avverbiale

ebr = ebraico

fr = francese

giap = giapponese

gr = greco

ing = inglese

int = interiezione

loc = locuzione

prep = preposizione

s = sostantivo

sf = sostantivo femminile

sm = sostantivo maschile

sp = spagnolo

ted = tedesco

vtr = verbo transitivo

vintr = verbo intransitivo

ARC = architerrura

CHI = chimica

FIS = fisica

GEO = geografiia

ING = ingegneria

MAT = matematica

LETTERA A

àbaco	sm	antico pallottoliere o tavoletta per far di conto; tavola quadrangolare posta al termine della colonna, sopra l'echino e sotto la trave
abasìa	sf	impossibilità o grande difficoltà a camminare
abbarbicare	vintr	mettere le radici; stabilirsi saldamente in un luogo
abboccato	agg/sm	che ha sapore gradevole, tendente al dolce
abbozzo	sm	forma preliminare o provvisoria; accenno; cosa imperfetta
abbrivo o abbrivio	sm	impulso iniziale di un moto con graduale aumento della velocità
abburattamento	sm	estrazione della crusca dalla farina con il buratto (tipo di setaccio)
abdicare	vtr/intr	rinunciare all'esercizio di un'autorità o di un potere
abduzione	sf	spostamento, allontanamento di un arto dalla posizione di riposo
aberrazione	sf	deviazione da una norma, principio, legge; in ottica distorsione di un'immagine
abigeato/abigeo	sm	furto di bestiame (da cui abigeo = ladro di bestiame)

abiogenesi	sf	generazione spontanea di sostanza vivente da sostanze inorganiche
abiurare	vtr	rinunciare solennemente a una fede, una dottrina; anche ritrattare
ablazione	sf	asportazione chirurgica di un organo; erosione di rocce da parte dei ghiacciai
abluzione	sf	lavanda o lavaggio sommario del corpo o di una sua parte
abnegazione	sf	spirito di sacrificio; rinuncia a far prevalere i propri diritti, interessi
abolizionismo	sm	atto tendente a modificare o abolire uno stato o condizione sociale
abominazione	sf	sentimento di profonda avversione e riprovazione; infamia
abominio	sm	condizione o motivo di degradazione infamante
aborigeno	sm/agg	primitivo abitatore di un paese, originario del luogo
aborrire	vtr/intr	provare ripugnanza; avere in orrore
abulìa	sf	inerzia o mancanza di volontà, indolenza pratica
acalasìa	sf	discinesia che impedisce il movimento di rilasciamento (acalasìa anale)
acalculia	sf	forma di agnosìa che impedisce la comprensione dei simboli numerici
acantòma	sf	ispessimento circoscritto dello strato granuloso della cute
acarpo	agg	in botanica dicesi di pianta che non dà frutto
acatalessia	sf	nella filosofia degli scettici greci l'impossibilità a riconoscere il vero

accallato	agg/pp	socchiuso, accostato
accampare	vtr	mettere le tende per l'alloggio; addurre, mettere innanzi, addurre
accapezzare	vtr	dare una prima sbozzatura alle pietre per la pavimentazione stradale
accezione	sf	significato di un vocabolo
àccia	SF	stoppa o canapa filata ridotta in matasse, gugliata
accidia	sf	inerzia, avversione all'operare; in religione negligenza nell'operare
acciocchire	vtr/vintr	intorpidire, addormentare; divenir torpido, essere colto dal sonno
accisa	sf	imposta indiretta sulla fabbricazione o sul consumo di determinati beni
accòlito	agg	compagno di viaggio; chi serve un qualche personaggio, anche un prete sull'altare
accomandare	vtr/intr	disporre in modo adatto; riparare una cosa guasta; mettersi d'accordo
acetabolo	sm	cavità dell'osso del bacino in cui si articola la testa del femore
achilia	sf	mancata secrezione del succo gastrico
acidosi	sf	stato tossico dovuto all'accumulo di sostanze acide nel sangue
acinesìa	sf	abolizione o riduzione dell'attività motoria volontaria o automatica
acoìia	sf	cessazione della secrezione della bile o del suo deflusso nell'intestino
acondroplasìa	sf	forma di nanismo che colpisce braccia e gambe, che risultano più corti

acorìa	sf	mancanza congenita o acquisita della pupilla
acribia	sf	precisione meticolosa
acro	sm	parole significante "punto estremo" ES: acropoli, acrocianosi
acrocianòsi	sf	cianosi o ipotermia a carico dei piedi, delle mani, naso, orecchie
acrocòro	sm	esteso insieme di rilievi o corrugamenti anche di notevole altezza
acrodinìa	sf	malattia, soprattutto dei bambini, dovuta a malnutrizione con dolori agli arti inferiori, insonnia, disturbi nervosi e psichici, caduta delle unghie, etc.
acrofobìa	sf	forma di fobia di chi ha paura di cadere da un luogo elevato
acròlito	sm	tipo di statua con testa, mani e piedi di pietra e il restante corpo in legno
acromegalia	sf	malattia endocrina con aumento di volume delle mani, piedi, naso, etc.
acromìa	sf	scolorimento della pelle per mancanza di melanina (se ereditaria si dice albinismo)
acroparestesìa	sf	sensazione di formicolio doloroso alle estremità delle dita e dei piedi
acròpoli	sf	parte alta della città difesa da mura; sommità, cima
acrostico	sm	componimento poetico e anche gioco enigmistico in cui una parola è costituita dalle iniziali di altre parole
acufene	sm	presenza di fischi o ronzii nell'orecchio

acumetria	sf	misura dell'acutezza uditiva
adàgio	sm	sentenza, proverbio
adduzione	sf	movimento che avvicina un arto alla linea mediana del corpo;
adenòma	sm	tumore benigno di origine ghiandolare sollevare, innalzare; riflessivo: elevarsi
adèrgere	vtr	sollevare, innalzare; se riflessivo sollevarsi
adèspoto	agg	di opera d'arte (libro, manoscritto) senza il nome dell'autore, anonimo
adiabatico	agg	in termodinamica trasformazione senza scambio di calore con l'esterno
adiaforo	agg	indifferente; nell'etica dei cinici e degli stoici indifferente dal punto di vista morale
ad interim	loc avv	temporaneamente
àdipe	sm	grasso, pinguedine
adipsìa	sf	mancanza del senso della sete
adire	vtr	dare corso ad un'azione giudiziaria
adr	sigla	abbreviazione di a domanda risponde (si usa nei processi verbali)
aduggiato	pp	intristito, inaridito (usato anche come aggettivo)
aduso	agg	abituato, avvezzo
adusto	agg	abbruciacchiato, riarso, asciutto

aeròbio	sm/agg	microrganismo che ha bisogno di aria per vivere
aèdo	sm	cantore greco, poeta
aerofagia	sf	deglutizione patologica di aria
afasia	sf	incapacità di parlare o anche di comprendere il significato delle parole
afèresi	sf	soppressione di una vocale o di una sillaba iniziale
affabulazione	sf	invenzione favolosa; sviluppo di un argomento da rappresentare
affettato	agg/sm	artificioso, non naturale, ricercato; tagliato a fette
afflato	sm	alito, fiato, soffio; ispirazione poetica, lirica
afforcare	vtr	ormeggiare una nave, impiccare
affralito	pp	indebolito
afonìa	sf	perdita temporanea o definitiva della voce
aforisma	sf	massima di vita pratica, regola derivata da precedenti osservazioni
afòtico	agg	senza luce
afro	agg	di sapore aspro, acre, acerbo, allappante
afrodisiaco	agg	che eccita il desiderio ed il piacere sessuale
afrore	sm	odore forte e molesto (quello del vino in fermentazione, del sudore)

agalassia	sf	mancanza di secrezione lattea
agamìa	sf	in biologia riproduzione asessuata (frequente nelle piante o in animali inferiori)
àgape	sf	convito fraterno presso gli antichi cristiani, convivio fra amici
agenesìa	sf	in medicina arresto di sviluppo, aplasia di un organo
aggettare	vintr	sporgere in fuori (di elementi architettonici) da cui l'aggettivo " aggettante"
aggottare	vtr	nel linguaggio marinaresco cavare l'acqua dal fondo di un'imbarcazione
agio	sm	comodità; facoltà, opportunità; in meccanica gioco o spazio fra due pezzi
agiografia	sf	letteratura riferita alla vita dei santi
agnosìa	sf	incapacità di riconoscere gli oggetti da parte di uno o più dei cinque sensi
agnosteismo	sm	in filosofia incapacità per la ragione di conoscere Dio
agnosticismo	sm	in filosofia ogni teoria limitante la capacità conoscitiva del pensiero umano; ostentata rinunzia ad approfondire la conoscenza di fatti o dottrine
agone	sm	lotta, gara, competizione
agrimensore	sm	colui che descrive su mappa i terreni con le misure, i confini, etc.
agrippina	sf	tipo di divano con un solo bracciolo e spalliera alta e inclinata

agrore	sm	sapore od odore acre, aspro, pungente
aio	sm	precettore, istitutore (a cui si affidava l'educazione dei figli)
aire	sm	spinta iniziale, abbrivio
alàggio	sm	manovra di rimorchio di un galleggiante con traino da terra; trazione a secco di un galleggiante, sia manualmente che meccanicamente
alamaro	sm	allacciatura di abiti con cordoncino a cappio su un lato in modo da formare un laccio in cui inserire un bottone posto sull'altro lato (vedi i montgomery)
à la page	loc fr	all'ultima moda
albagìa	sf	alterigia, boria, pomposa estimazione di sé
albedo	sm	parte interna bianca della buccia degli agrumi
alcalosi	sf	eccesso patologico di sostanze alcaline nel sangue
algesia	sf	sensibilità al dolore (in medicina)
algidità	sf	stato di forte abbassamento della temperatura corporea
algido	agg	gelido, glaciale
algo-filia e -mania	sf	senso morboso di piacere per la sofferenza fisica propria o di altri
algofobia	sf	timore ossessivo del dolore fisico

algoritmo	sm	schema o procedimento sistematico di calcolo
àlido	agg	arido, secco, asciutto (si dice soprattutto di terreni)
alienato	agg	di bene che è stato oggetto di trasferimento ad altri; pazzo, demente
allampanato	agg	persona magrissima, secco, sparuto
allappare	vtr	effetto astringente sulla lingua della frutta acerba
allitterazione	sf	ripetizione di parole uguali o simili in un discorso (es: bello e buono)
allocuzione	sf	discorso di tono solenne che si tiene in un'adunanza
allupato	agg/pp	affamato
alopecia	sf	mancanza di capelli a chiazze
altana	sf	loggia o terrazzo coperto a guisa di torretta posto sui tetti; nelle caserme torretta dove sta la sentinella
amanuense	sm	chi copiava manoscritti per mestiere prima della diffusione della stampa
amarore	sm	sapore amaro; in particolare si dice di vino amaro
amarra	sf	corda da ormeggio
ambage	sf	cammino tortuoso, andirivieni di strade; giro vizioso e tortuoso di parole
ambliopia	sf	diminuzione dell'acutezza visiva

àmbio	sm	andatura dei quadrupedi con movimenti contemporanei delle zampe dallo stesso lato
ambone	sm	tribuna rialzata nelle chiese da cui viene proclamata la parola di Dio
amenorrèa	sf	in medicina assenza temporanea o permanente di flusso mestruale
amenza	sf	disturbo psichico caratterizzato da allucinazioni, disturbi motori, etc.
amigdala	sf	armi o strumenti a forma di mandorla dell'età della pietra; tonsilla
amitto	sm	telo di lino bianco che copre le spalle del sacerdote
ammennicolo	sm	cosa di poco conto; pretesto, cavillo
anabasi	sf	ascensione, salita; spedizione dalla costa verso l'interno
anacoluto	agg	costrutto sintattico con due costruzioni diverse nello stesso periodo Esempio: quelli che muoiono, bisogna pregare Iddio per loro (Manzoni)
anacorèta	sm	eremita che si dedica alle preghiere; persona solitaria
anaerobio	agg	microrganismo in grado di vivere senza ossigeno
anàdromo	agg	si riferisce al pesce che risale la corrente (ES: il salmone per riprodursi)
anafilassi	sf	reazione patologica dell'organismo per l'introduzione di alcune sostanze
anafora	sf	ripetizione retorica in principio di verso o di proposizione di una/più parole

anàglifo	sm	bassorilievo, lavoro di rilievo su pietra dura (ES: su cammeo)
anagogia	sf	interpretazione spirituale di un testo (ES: delle Sacre Scritture)
analèttico	sm	farmaco in grado di migliorare l'attività cardiocircolatoria e del respiro
analgesìa	sf	insensibilità al dolore
analogìa	sf	rapporto di somiglianza fra due oggetti
anamnesi	sf	raccolta clinica di notizie sulla vita di un paziente
anastatico	agg	tipo di riproduzione litografica di opere stampate tipograficamente
anàstasi	sf	resurrezione di Cristo e di quella finale dei morti
anàstrofe	sf	inversione di due parole in un gruppo (ES: con rispetto parlando)
anatema	sf	maledizione, scomunica
anatocismo	sm	nel linguaggio bancario produzione d'interesse su interesse non pagato
ancestrale	agg	che appartiene o si riferisce agli antenati
ancia	sf	sottile linguetta di metallo, canna o di legno posta alla fine o in corrispondenza di un'apertura che vibra al passaggio di una corrente d'aria
ancile	sm	piccolo scudo romano di forma oblunga
ancilla	sf	serva, domestica, cameriera

ancòna	sf	immagine sacra dipinta su tela o legno posta sopra l'altare
andrògino	agg	individuo con caratteri sessuali di entrambi i sessi (= ermafrodito)
andrologìa	sf	scienza che si occupa dei problemi della sessualità maschile
andropausa	sf	climaterio maschile ovvero declino dell'attività funzionale del testicolo
aneurisma	sf	in medicina dilatazione del calibro di un'arteria
anfitrione	sm	padrone di casa generoso ed ospitale nei riguardi degli invitati
angina	sf	infiammazione a carico del palato molle, dell'ugola e/o delle tonsille; da qui angina pectoris: sindrome caratterizzata da forte dolore al petto, che si irradia al braccio sinistro per spasmo delle arterie coronarie
angiologia	sf	in medicina scienza che studia l'apparato circolatorio
anglicano	agg	seguace della chiesa d'Inghilterra
anòdino	agg	sostanza con azione calmante, antidolorifico; senza carattere, insignificante
anomìa	sf	forma di afasia con incapacità di evocare un nome; assenza di leggi, anarchia
anoressia	sf	mancanza d'appetito; in psichiatria forma di nevrosi con rifiuto del cibo
anosmìa	sf	perdita dell'olfatto

anossia   sf   in medicina mancata o diminuita possibilità dei tessuti di utilizzare l'ossigeno

antelucano   agg   che precede il sorgere del sole

antèra   sf   porzione terminale dello stame dei fiori dove si trova il polline

antesi   sf   in botanica sinonimo di fioritura

antesignano   sm   precursore, chi combatte in prima linea; soldato romano schierato in prima linea

antibiosi   sf   inibizione della crescita di un organismo da parte di un altro (da cui antibiotico)

anticaglia   sf   oggetto fuori moda, antiquato

antìdoto   sm   medicamento che neutralizza l'azione di un veleno nell'organismo

antiflogistico   agg   in medicina lo stesso che antinfiammatorio

antìfona   sf   discorso lungo e noioso; ritornello cantato all'inizio e/o alla fine del salmo

antìgene   agg/sm   sostanza che introdotta nell'organismo produce la formazione di anticorpi

antìnomia   sf   opposizione; contraddizione, reale o apparente, fra due tesi

antisepsi   sf   distruzione degli agenti infettivi presenti sulle ferite (in chirurgia)

antografia   sf   arte di esprimere idee o sentimenti con i colori e la disposizione dei fiori

antònimo   sm/agg   parola o locuzione di senso opposto ad un'altra; Es. bello/brutto - vecchio/giovane

antonomasia	sf	il chiamare con nome diverso una persona o cosa ad esempio con un appellativo di persona o luogo famoso (ES: il Poeta per Dante, il Maligno per Demonio, etc.)
antropologico	agg	riferito o che ha attinenza con l'uomo
anùria	sf	cessazione temporanea o permanente della secrezione urinaria
apericena	sf	aperitivo con assaggi all'ora di cena
apiressia	sf	assenza di febbre
aplasia	sf	mancanza o arresto dello sviluppo di un organo o di sue parti
aplomb	sm	il mantenersi diritto (equilibrio nello sport e nella danza); disinvoltura, sicurezza
apocalittico	agg	terribile, atroce, catastrofico
apòcope	sf	caduta della vocale o della sillaba finale di parola (ES: san invece di santo)
apòcrifo	agg	libro, documento o scritto non autentico
apodittico	agg	evidente di per sé, senza bisogno di dimostrazione
àpodo	agg	privo di piedi o di zampe
àpogeo	sm	il punto in cui il sole o la luna sono a distanza massima dalla terra
apògrafo	agg/sm	copia di un originale manoscritto
apolide	agg/sm	persona senza nessuna cittadinanza

apologia	sf	esaltazione di una dottrina religiosa o politica
aponìa	sf	stato di piacere con assenza di dolore
aporèma o aporìa	sf	sillogismo dialettico da cui si deducono due proposizioni contraddittorie
apostasìa	sf	ripudio, rinnegamento della propria religione per sposarne un'altra
apostata	sm/f	ribelle, rinnegato
apostrofe	sf	inserimento retorico in un tratto espositivo di un'allocuzione
aprico	agg	soleggiato, aperto, esposto all'aria; limpido, luminoso
aracnèo	agg	di ragno
arcàico	agg	antico, primitivo
arce	sf	rocca, acropoli, sommità
arcèlla	sf	vano sottostante l'altare per le reliquie, detto anche arca
archètipo	sm	primo esemplare, modello; in filosofia essenza sostanziale delle cose sensibili
archiatra	sm	medico di corte, protomedico
archilèo	sm	mobile vecchio ed ingombrante; dicesi anche di persona vecchia e allampanata
arcione	sm	ciascuno dei due rilievi, anteriore e posteriore della sella (es: in a.= a cavallo)
arcónte	sm	supremo magistrato dell'antica Grecia

arcosolio	sm	sepoltura delle catacombe con arca sepolcrale incassata nella parete
arengario	sm	nel medioevo si diceva del palazzo comunale
arengo	sm	luogo riservato alle assemblee nel medioevo; assemblea, riunione
areòpago	sm	il più antico tribunale di Atene; consesso, assemblea autorevole
armilla	sf	bracciale usato come ornamento nella Roma antica
àrpese	sf	ferro ripiegato alle due estremità per collegare pietre o pezzi di muro nelle costruzioni edili
arra	sf	caparra, anticipazione; garanzia, pegno
arsiccio	agg	bruciacchiato, strinato; dicesi anche di terreno riarso
artato	agg	costretto, obbligato; fatto con artifizio, con inganno, falso
ascesi	sf	azione interiore volta alla perfezione e ascensione verso Dio
asciàtico	agg	senza ombra Es: lampada asciatica del tavolo operatorio
ascritto	agg	inserito in un gruppo, accolto fra i membri di un'associazione
asepsi	sf	assenza di microrganismi viventi mediante sterilizzazione
asettico	agg	sterilizzato; privo di calore, di personalità
asìndeto	sm	figura sintattica consistente nella mancanza della congiunzione fra due o più termini ES: detto fatto – veni,vidi,vici

asintotico	agg	ciò che tende ad avvicinarsi a qualcosa senza mai raggiungerla
aspo	sm	nell'industria tessile macchina che avvolge un filo facendone una matassa
assiologìa	sf	in filosofia teoria dei valori logici, estetici o etici che hanno valore reale
assioma	sm	principio evidente di per sé, che non ha bisogno di essere dimostrato
assisa	sf	uniforme, livrea; strato; in architettura piano formato da pietre o mattoni
astante	sm/agg	chi è o che è presente in un dato luogo, ad esempio i medici presenti in ospedale
astanteria	sf	luogo di ricovero provvisorio dei malati in ospedale
astasìa	sf	disturbo psichico per cui la persona non riesce a stare in posizione eretta
astenia	sf	mancanza o perdita di forza dell'intero organismo o di parti di esso
astragalo	sm	osso breve del tarso; in architettura modanatura che separa il fusto delle colonne dal capitello e dalla base
astrolàbio	sm	strumento per determinare l'altezza del sole o di un astro sull'orizzonte
atabagico	agg	preparato farmaceutico per smettere di fumare
atarassìa	sf	stato di perfetta tranquillità e serenità d'animo del saggio, imperturbabilità
atassìa	sf	mancanza di coordinazione dei movimenti muscolari volontari
àtavico	agg	che risale agli avi

atavo	sm	genitore del trisavolo
atonìa	sf	in medicina mancanza di tono muscolare; mancanza di accento tonico
atrepsìa	sf	in medicina grave quadro di malnutrizione dei lattanti (con cute secca)
atresìa	sf	in medicina occlusione congenita di un canale o di un orifizio corporeo
atrichìa	sf	assenza congenita dei capelli
attinoterapia	sf	in medicina uso a scopo terapeutico di raggi ultravioletti, o anche infrarossi
attòllere	vtr	sollevare
augure	sm	interprete del volere degli Dei attraverso il volo degli uccelli; indovino
aulico	agg	nobile, illustre detto di linguaggio o di stile, elevato, sostenuto
autarchìa	sf	condizione di autosufficienza nella filosofia antica; in economia condizione di autosufficienza economica; potere assoluto, non condizionato; capacità di enti pubblici di un'attività amministrativa con efficacia giuridica
autismo	sm	in psichiatria perdita di contatto con la realtà
autocrate	sm	che detiene ed esercita un potere assoluto
autoctono	agg	aborigeno, indigeno; che è nato nello stesso luogo in cui vive
avello	sm	arca sepolcrale, tomba

aviàrio	agg/sm	che riguarda gli uccelli; luogo d'allevamento di uccelli non domestici
avito	agg	ereditato, tramandato dagli avi
avocare	vtr	attribuire a sé stessi un bene o un ufficio di pertinenza di altri
azza	sf	antica arma bianca con manico di legno e parte metallica a forma d'accetta
azzimato	agg	vestito ed acconciato con insolita ricercatezza
azzimo o azimo	sm/agg	Pane fermentato, fatto senza lievito (usato dagli ebrei durante la Pasqua)
azzurraggio	sm	operazione mediante la quale si dà a sostanze di colore gialliccio una tonalità bianca (ad esempio nella lavorazione dello zucchero)

LETTERA B

babbùccia	sf	calzatura bassa di pelle o stoffa da usare in casa; scarpetta a maglia
babórdo	sm	lato sinistro della nave
bacato	agg	gustato dai bachi, marcio; di persona moralmente corrotta
bacceliere	sm	aspirante cavaliere nel medioevo; primo grado accademico nell'università
bacchiatura	sf	raccolta di frutti mediante battitura dei rami (noci, olive, etc.)

baciapile	sm	bacchettone, bigotto
bacìo	agg	luogo ove non batte il sole, esposto a tramontana
badéssa	sf	superiora di un monastero di monache
badiale	agg	grande e grosso; florido, prosperoso
bagarino	sm	incettatore, accaparratore (chi compra biglietti e li rivende a prezzo maggiorato)
baghétta	sf	ricamo di metà gamba inferiore delle calze
baglio	sm	trave di sostegno del ponte che collega le murate.
bagórdo	sm	gozzoviglia, crapula
bailamme	sm	confusione, baraonda
balèra	sf	pista o sala da ballo popolare
balìa	sf	potestà assoluta, autorità, forza
balilla	sm	ragazzo dagli otto ai quattordici anni inquadrato paramilitarmente durante il fascismo
bàlteo	sm	cintura di cuoio pendente dalla spalla dx a cui viene appesa la spada romana
balüardo	sm	fortificazione militare; riparo, sostegno
balzèllo	sm	imposta, tributo eccessivo e arbitrario

bambagia	sf	cascame di cotone; cotone in fiocchi; morbidezza, delicatezza
banzai	int	evviva, esclamazione giapponese che significa letteralmente centomila anni
barbacane	sm	struttura di rinforzo delle fortificazioni militari; feritoia fatta su di un muro per permettere lo scolo delle acque verso l'esterno
barcàccia	sf	palco di proscenio
bardòtto	sm	animale ibrido nato da un cavallo ed un'asina
bargèllo	sm	ufficiale del servizio di pulizia; per estensione il luogo ove vi ha sede; carcere
bargìglio	sm	appendice carnosa rossastra che pende sotto il becco dei gallinacei
bàscula	sf	bilancia a sospensione inferiore con asta metallica graduata, la stadera
basire	vintr	venir meno, svenire
basito	agg	attonito, impietrito
basòlo	sm	blocco squadrato di roccia usato per pavimenti stradali, massello
bassorilièvo	sm	scultura su piano di fondo in basso rilievo
basto	sm	grossa e rozza sella di legno; peso molesto
becchéggio	sm	movimento oscillatorio delle imbarcazioni nel verso della lunghezza
becco	sm	rivestimento corneo della mandibola e della mascella degli uccelli; punta;

		bruciatore di elementi gassosi; maschio della capra; marito tradito dalla moglie
bécero	sm/agg	persona ignorante e volgare, offensiva
beòta	sm/agg	idiota, imbecille
berciare	vintr	urlare sguaiatamente, strillare
bèrma	sf	ripiano intermedio di una scarpata di un argine a forma di gradino
bèrta	sf	piccolo scialle o pettorina di merletto; maglio per stampare metalli; cannone tedesco
bica	sf	mucchio di covoni di frumento
bìfido	agg	diviso in due parti, biforcuto
bigòtto	agg/sm	di persona che mostra zelo esagerato nelle pratiche esteriori del culto
bindèllo	sm	sottile striscia di latta che serra il coperchio delle lattine e ne permette l'apertura
bìndolo	sm	macchina per il sollevamento dell'acqua a scopo irriguo
biòccolo	sm	piccolo fiocco di lana o cotone prima di essere filato
bioètica	sf	studio dei comportamenti umani nelle varie branche di attività
bisboccia	sf	baldoria, riunione di amici per mangiare e bere in allegria
bizantinismo	sm	l'eccessivo dilungarsi nel ragionamento; preziosismo culturale

blandire	vtr	lusingare
blando	agg	temperato, mite, dolce
blèso	agg	difetto di pronuncia di alcune consonanti: l e s in particolare
bocca di lupo	sf	apertura di aerazione dei locali interrati; difesa accessoria di luoghi fortificati
boccapòrto	sm	apertura notevole sul ponte della nave per immettere merci nella stiva
boccascèna	sm	parte del palco immediatamente dietro al proscenio
bocciarda	sf	grosso pestello dall'estremità rugosa per zigrinare un battuto di cemento
boiacca	sf	poltiglia, intriso pastoso; nell'edilizia pasta di cemento molto fluida
bolina	sf	cavo per tirare le vele quadre in modo che prendano bene il vento
bolla	sf	sigillo metallico circolare; documento papale o imperiale muniti del sigillo
bólso	agg	mal ridotto, privo di forza (si dice anche dei cavalli)
bòma	sm	asta orizzontale a cui viene fissata il lato basso delle rande o delle vele triangolari
bomprésso	sm	albero dei velieri più vicino alla prua
bondiòla	sf	salume di forma sferica da mangiare bollito
bonomìa	sf	carattere di uomo mite e alla buona, semplicità di spirito
bòra	sf	vento di nord-est secco e freddo

borborigmo	sm	gorgoglio addominale dei gas intestinali
bovindo	sm	balcone chiuso sporgente dalla facciata di un edificio
bòzza	sf	protuberanza, bernoccolo; primo abbozzo di documento o di opera artistica
bozzèllo	sm	dispositivo di legno o di metallo per il rinvio di funi nell'attrezzatura velica
braga	sf	tubo di raccordo biforcato che si inserisce in un condotto verticale di scarico
brìglia	sf	ciascuna delle due redini attaccate al morso del cavallo; in idraulica, muro perpendicolare all'alveo; flangia circolare di collegamento di tubazioni
bròcca	sf	vaso di terracotta o altro materiale per contenere acqua; chiodo inserito sotto la suola delle scarpe; borchia metallica inserita nella copertina dei libri rilegati
broncio	sm	atteggiamento corrucciato del volto
bronco	sm	sterpo, ramo spinoso; porzione dell'apparato respiratorio che dalla trachea si ramifica in due tronchi e via via in altri sempre più piccoli fino agli alveoli polmonari
bruciapélo	sm	a pochissima distanza, vicinissimo (loc avv: a bruciapelo); all'improvviso
bùbbola	sf	fandonia, frottola; bagatella, cosa da niente
bùccina	sf	strumento a fiato romano costituito da un lungo tubo ricurvo

budrière	sm	striscia di cuoio appesa ad armacollo per la spada, il tamburo, etc.
bulicare	vintr	lo sgorgare bollendo delle acque, specialmente di quelle termali
bulimìa	sf	patologica avidità di cibo
burbanza	sf	boria, alterigia vanitosa e sprezzante
bùrbero	agg	severo, ruvido, aspro nei modi
burchièllo	sm	piccola barca fluviale a remi
bure	sf	timone dell'aratro cui è attaccato anteriormente il giogo
burèlla	sf	corridoio sotterraneo; volta sotterranea di anfiteatri antichi; carcere
burino	agg	rozzo, zoticone, villano
burlésca	sf	composizione musicale di carattere scherzoso
burocrazìa	sf	complesso dei funzionari della pubblica amministrazione
buscare	vtr	trovare, ottenere, procacciarsi
buttafuori	sm	in teatro persona incaricata di far entrare in scena gli attori
butterato	agg	pieno di cicatrici dovute alle pustole lasciate dal vaiolo
bùttero	sm	guardiano a cavallo del bestiame bovino ed equino, ma anche di greggi
buzzurro	sm	persona zotica, rozza

LETTERA C

càbala	sf	complesso delle dottrine mistiche ed esoteriche ebraiche; arte d'indovinare il futuro
cabrèo	sm	elenco di beni appartenenti a grandi amministrazioni ecclesiastiche o signorili
cacadubbi	sm	persona indecisa
cachessia	sf	grave stato di deperimento organico
cacicco	sm	titolo di capo delle tribù dell'America centro-meridionale
cacofonia	sf	in musica successione sgradevole di suoni; accozzamento sgraziato di parole o ripetizione di sillabe ES: tra strade strette
cacosmia	sf	disturbo che provoca percezioni sgradevoli dell'olfatto
caditóia	sf	apertura sul ciglio dei marciapiedi per far defluire l'acqua nelle fognature
caduco	agg	destinato a cadere; di breve durata, effimero
cafoneria	sf	rozzezza, zotichezza
càglio	sm	sostanza ottenuta dall'abomaso dei vitelli per far coagulare il latte
calandra	sf	macchina utensile costituita da rulli per distendere o comprimere metalli dando loro la forma richiesta; parte anteriore del

		cofano delle auto per proteggere il radiatore
càlceo	sm	calzatura dei cittadini romani simile allo stivaletto
calepino	sm	grosso volume; vocabolario
calibrato	agg	ridotto alla giusta misura; misurato esattamente
caloscia	sf	soprascarpa impermeabile di gomma
calzamàglia	sf	indumento molto aderente in maglia che ricopre il corpo dai piedi alla vita o al collo
camallo	sm	facchino, scaricatore di merci nel porto di Genova
camarilla	sf	consorteria, cricca
cambrétta	sf	piccolo chiodo a due punti a forma di U per fissare fili, cordoni, etc.
campièllo	sm	piccola piazzetta veneziana nelle quale sbucano le calli
campus	s ing	università o complesso di edifici di una università anglosassone
camuso	agg	di naso piatto e schiacciato
cancrèna	sf	necrosi di uno o più tessuti in un organismo vivente
candire	vtr	bollire la frutta in uno sciroppo di zucchero per il suo mantenimento
cannabismo	sm	intossicazione cronica per l'uso dell'hashish (canapa indiana)
cànone	sm	somma periodica dovuta per l'uso di un bene o servizio; norma giuridica

ecclesiastica

canònico	agg/sm	conforme ad una data norma fissata; relativo ai canoni giuridici della Chiesa
canterano	sm	mobile a cassetti
canuto	agg	di capelli bianchissimi
caòtico	agg	confuso, disordinato
capécchio	sm	filaccia grossa di canapa o lino per imbottiture
capintèsta	sm	capo assoluto; primo in classifica
capìtolo	sm	ciascuna delle parti in cui si divide un libro; unità elementare del bilancio dello Stato; assemblea di un ordine o congregazione ed anche il luogo di riunione
caponata	sf	piatto della cucina siciliana a base di melanzane fritte
cappellétto	sm	antico copricapo militare; tipo di salume di maiale; al plurale sinonimo di tortellini
cappóne	sm	galletto castrato da giovane, di solito utilizzato per il pranzo natalizio
capzióso	agg	tendenzioso, fallace, inteso a trarre in inganno
carabàttola	sf	cosa da nulla, quisquilia; masserizia di poco conto
carapace	sm	scudo dorsale delle testuggini
caratìsta	sm	proprietario di uno o più carati di una nave mercantile

carato	sm	ventiquattresima parte di un'oncia; unità di peso delle pietre preziose o delle perle; unità di misura del titolo dell'oro (es. l'oro a 24 carati è purissimo); ventiquattresima parte della proprietà di una nave
carcadè	sf	erba malvacea usata per infusi con proprietà rinfrescanti e dissetanti
càrdias	sm	orifizio comunicante l'esofago con lo stomaco
càrdine	sm	parte della cerniera fissata al telaio degli infissi
cardiocinètico	agg/sm	farmaco che stimola la funzione del cuore
cardiopalmo-a	sm	sensazione fastidiosa di aumento del ritmo cardiaco
cardiopatìa	sf	malattia del cuore
cardioptòsi	sf	abbassamento del cuore
cardiorèssi	sf	rottura del cuore per infarto o trauma
cardioversióne	sf	o defibrillazione, terapia di emergenza con scarica elettrica direttamente sul cuore
cargo	sm	nave o aereo da carico
cariàtide	sf	figura femminile scolpita in luogo di colonna o pilastro; persona tarda e indolente o anche superata
cariocinèsi	sf	forma di riproduzione cellulare
carisma	sm	grazia infusa da Dio col battesimo; dono soprannaturale dato a una persona per

aiuto alla comunità

caròla	sf	ballo anche con canto che si fa in cerchio tenendosi per mano; ballata
càrpio	sm	posizione ad angolo retto del torso rispetto alle gambe nei tuffi
carrobalista	sf	grossa balestra montata su carri dall'esercito romano
carròpónte	sm	tipo di gru per il sollevamento e spostamento di carichi a breve distanza
cartìglio	sm	raffigurazione di un rotolo di carta contenente iscrizioni
casco	sm	copricapo a coppa; apparecchio per asciugare i capelli alle signore; infruttescenza del banano, copricapo protettivo per sportivi o militari; foggia ampia di pettinatura femminile
casèlla	sf	ciascuno degli scomparti in cui è diviso un cassetto o un mobile; celletta degli insetti
casino	sm	piccola casa signorile di campagna; casa da gioco o di prostituzione; imbroglio, confusione
càsside	sf	elmo di metallo dei romani contrapposto a galea che era di cuoio
castagnòla	sf	petardo composto da un cartoccio pieno di esplosivo; dolce composto da palline dolci fritte
castóne	sm	parte incavata di un gioiello in cui viene posta la gemma
casual	agg	abito non ricercato, di poco prezzo, sportivo

casuale	agg	fortuito, accidentale, aleatorio
catàbasi	sf	si indica in un trattato l'intervento di un contraente a favore dell'altro ES: in caso di guerra
catabolismo	sm	insieme dei processi digestivi delle sostanze organiche
catacrèsi	sf	estensione retorica di una parola oltre il suo significato; ES: le gambe del tavolo, il collo della bottiglia
catafalco	sm	impalcatura di sostegno della bara durante la cerimonia funebre
catalèssi	sf	stato di morte apparente
catalètto	sm	barella con cui si trasporta la bara; lettiga in genere
catàlisi	sf	processo chimico in cui alcune sostanze intervengono per accelerare il processo senza una loro modifica
càtaro	sm	eretico del Basso Medioevo propugnatore di un rinnovamento morale rigoroso e di un esasperato ascetismo
catàrsi	sf	purificazione, redenzione; in estetica l'azione liberatrice della poesia dalle passioni
catasto	sm	inventario generale dei beni immobili
catatonia	sf	in psichiatria, disturbo dell'attività volitiva con immobilità della mimica facciale
catechèsi	sf	insegnamento orale della religione cristiana e dei suoi misteri, principi e della morale

catecùmeno	sm	chi si prepara a ricevere il battesimo
catgut	sm	filo sottile tratto da piccoli mammiferi per suturazioni chirurgiche
catorcio	sm	oggetto di nessun valore; persona di salute cagionevole
cattolico	sm/agg	universale, proprio della Chiesa apostolica romana; che professa la religione cattolica
càule	sm	sinonimo di fusto
càustico	agg	sostanza capace di cauterizzare i tessuti organici, ad esempio per eliminare i porri; pungente, acre, mordace
càvea	sf	gradinata per gli spettatori negli anfiteatri antichi
cavedagna	sf	striscia di terreno ai lati di un terreno agricolo; dicesi anche capezzagna
cedìglia	sf	in francese segno grafico sotto la c e davanti ad a, o, e, u, dà il suono di s sorda
cefalèa	sf	sensazione dolorosa interessante il capo
celèuste	sm	capo della ciurma nell'antica Grecia che dava il ritmo delle vogate
cellière	sm	cantina dove si tiene il vino; dispensa in cui si conservano i cibi
celostomìa	sf	intervento chirurgico consistente nell'apertura verso l'esterno di un tratto addominale
cémbalo	sm	tamburello a sonagli che si suona percuotendolo con le mani; anticamente il cembalo era composto da due dischi concavi di metallo che percossi insieme

davano un suono acutissimo

céngia	sf	in alpinismo sporgenza pianeggiante della roccia su di una parete ripida
cenòbio	sm	comunità di religiosi, monastero
cenòsi	sf	in biologia l'insieme delle specie animali e vegetali viventi in un determinato ambiente
cenotàfio	sm	monumento sepolcrale vuoto
cènso	sm	il complesso dei beni posseduti; patrimonio o reddito accertato a fini fiscali
cèntina	sf	struttura portante in legno, ferro, a sostegno di volte o archi in costruzione; elemento della struttura interna dell'ala in aeronautica
ceppàia	sf	parte inferiore sporgente dal terreno del tronco di un albero tagliato
ceralacca	sf	miscela colorata di resine naturali che liquefa esposta alla fiamma e che serve per sigillare
cércine	sm	panno raccolto a ciambella posto sul capo per portare pesi; acconciatura femminile dei capelli in forma di ciambella; in botanica formazione anulare sviluppantesi su fusti tagliati
certame	sm	gara, duello
cerùsico	agg	chirurgico detto in tono spregiativo

cesàreo	agg	si usa nella locuzione "taglio cesareo" per l'operazione ostetrica atta ad esplicare il parto
cesèllo	sm	utensile per scolpire finemente il metallo; l'arte del cesellatore; ES: lavorare di cesello
céspo	sm	ciuffo d'erba, di foglie o di fiori che nascono da un fusto principale
cheilofagìa	sf	tic nervoso che consiste nel mordersi continuamente le labbra
cheratite	sf	infiammazione della cornea
chiasma	sf	inversione del costrutto di due membri contigui: ES: bisogna mangiare per vivere, non vivere per mangiare
chilo	sm	abbreviazione di chilogrammo; linfa lattiginosa dell'intestino che aiuta a digerire i cibi
chimo	sm	in fisiologia prodotto semi digerito degli alimenti passanti dallo stomaco all'intestino
chi-cinesiterapia	sf	pratica fisioterapica volta alla riabilitazione motoria degli organi
chìosa	sf	annotazione che chiarisce una parola o un passo di un testo, postilla, glossa
chiro- o cheiro-	prep	significa col significato di "mano" viene usata in parole composte come chiromante
chiromanzìa	sf	arte divinatoria eseguita attraverso l'osservazione delle mani
chironomìa	sf	arte di dirigere il coro con il movimento delle mani

chiroterapìa	sf	tecnica curativa eseguita mediante opportune manovre manuali
ciangottìo	sm	cinguettio degli uccelli; chiacchierio dei bambini; sussurro di acque correnti
cianòsi	sf	colorazione bluastra della pelle o delle mucose per diminuita circolazione sanguigna
ciarlare	vintr	parlare di cose futili; mettere in giro voci infondate
ciarpame	sm	congerie di roba vecchia e di nessun pregio
cibernètica	sf	disciplina di meccanismi di comunicazione e autoregolazione nelle macchine simili a quelle del corpo umano
cicaléccio	sm	chiacchierio frivolo, insistente e fastidioso di più persone, anche a bassa voce
ciclotimìa	sf	in psicologia condizione morbosa dell'umore alternante fasi di depressione e di esaltazione (psicosi maniaco-depressiva)
cifòsi	sf	curvatura della colonna vertebrale, gobba
cifràrio	sm	la chiave per decifrare uno scritto in codice
cilestrino	agg	azzurro chiaro
cìmbalo	sm	ciascuno dei piatti della batteria
cimmèrio	agg	oscuro, caliginoso

cimosa	sf	orlo, bordo; ciascuno dei due margini laterali di un tessuto in pezza; panno arrotolato per la cancellazione della lavagna
cimurro	sm	malattia contagiosa che colpisce i cani in forme catarrali
cinabro	sm	minerale: solfuro di mercurio di color rosso vermiglio; color rosso vivo
cinèreo	agg	di color della cenere, grigio
cinètica	sf	parte della meccanica inerente al moto dei corpi
cinìgia	sf	cenere ancora calda; brace minuta
cinìglia	sf	tipo di filato peloso usato come trama per tessuti di spugna
cioncare	vtr/intr	bere con avidità, tracannare
cirenèo	agg	chi si accolla un compito gravoso di pertinenza di altri
cinnamòmo	sm	pianta lauracea da cui si può estrarre, a seconda della tipologia, cannella o canfora
cinocèfalo	sm/agg	dalla testa di cane
cinòdromo	sm	impianto sportivo per le corse dei cani
circumnavigazione	sf	viaggio per mare intorno al globo
cìrmolo	sm	nome dato in Italia settentrionale al cembro

cirro	sm	ricciolo, ciocca di capelli inanellati; nubi bianche d'alta quota esili e trasparenti
cispa	sf	residuo secco agli angoli dell'occhio, da cui l'aggettivo cisposo
cisti- o cisto-	sm/sf	vescica; si usa in termini composti tipo cistifellea oppure cistoscopia
circènse	agg	del circo
cistercènse	agg	monaco osservante uno stretto rigorismo morale
cistite	sf	infiammazione della vescica urinaria
citeriore	agg	situato al di qua, dalla nostra parte
civàia	sf	nome generico dei semi secchi dei legumi
clàmide	sf	sorta di mantello di lana usato da greci e romani portato sopra la tunica; manto reale
clastomanìa	sf	in psichiatria impulso a distruggere, lacerare qualsiasi oggetto
clàusola	sf	la chiusa di un periodo; riserva, condizione
cleptocrazìa	sf	governo di ladri
cleptomanìa	sf	tendenza impulsiva al furto
clergyman	s ing	abito sacerdotale composto da pantaloni e giacca di colore nero o grigio usato fuori dalle funzioni sacerdotali

climatèrio	sm	complesso dei fenomeni che nelle donne accompagnano la menopausa
clinòmetro	sm	strumento che serve a misurare l'inclinazione di un corpo rispetto al piano orizzontale
cloaca	sf	fogna, chiavica
cloasma	sm	alterazione pigmentaria della cute in forma irregolare di colore brunastro
clonazióne	sf	riproduzione, naturale o artificiale agamica di cellule o individui
clune	sf	natica dell'uomo o degli animali (usato per lo più al plurale)
coacèrvo	sm	mucchio, ammasso, accozzaglia; nel linguaggio finanziario accumulo, ad esempio di redditi
coadiuvare	vtr	prestare la propria opera in collaborazione
cobòldo	sm	folletto della mitologia tedesca, protettore del focolare domestico
còcca	sf	estremità, angolo di un fazzoletto, tovagliolo; incavo della freccia applicantesi all'arco
coèvo	agg	dello stesso tempo, della stessa età
còfana	sf	calderella ovvero recipiente dei muratori per la malta; paniere, cesto di vimini
còffa	sf	nelle navi piattaforma alta sulle navi per scopi di vedetta
cognazióne	sf	parentela o vincolo di parentela, derivante anche da adozione

colaggio	sm	perdita di liquidi durante il trasporto in mare; formatura delle piastrelle nell'industria ceramica
colecistite	sf	infiammazione della cistifellea o colecisti per batteri o per calcoli
colèmesi	sf	vomito biliare
còlica	sf	sindrome dolorosa anche con spasmi in sede addominale
collasso	sm	perdita improvvisa delle forze per forte diminuzione della pressione arteriosa; afflosciamento
collazióne	sf	confronto di più copie; conferimento di beneficio ecclesiastico; contribuzione, tassa
collegiata	sf	capitolo di chierici
collìdere	vtr/intr	battere, urtare contro qualcosa
collimare	vtr/intr	concorrere, mirare ad uno stesso fine; far passare da un dato punto la linea di mira
collùdere	vintr	intesa clandestina fra due o più persone; intesa contingente ad ES: di partiti politici
collutòrio	sm	medicamento per sciacqui o gargarismi per tonsille, gengive, cavo orale
collùvie	sf	flusso o ammasso di putridume, gran quantità
colostasi	sf	stasi biliare
colòstro	sm	liquido bianco-giallastro secreto dalla ghiandola mammaria dal quarto mese di gravidanza

colpòplastica	sf	ricostruzione chirurgica della vagina
cóltro	sm	lama verticale tagliente dell'aratro posto davanti al vomere per aprire il solco
columella	sf	parte ossea dell'orecchio interno
colùria	sf	in medicina eliminazione di pigmenti biliari attraverso le urine
commisurare	vtr	confronto; adeguatezza
comodato	sm	concessione gratuita di un bene per un certo tempo
compièta	sf	l'ultima preghiera prima della fine della giornata liturgica
compòsito	agg	eterogeneo; in architettura tipo di capitello molto elaborato
compromésso	sm	accomodamento, transazione; in una vendita contratto preliminare
compunzióne	sf	pentimento, atteggiamento umile, afflizione
concatenare	vtr	collegare, mettere insieme
concia	sf	trasformazione di pelli o cibi per facilitarne la conservazione
concio	sm	blocco di pietra squadrato lavorato anche per fini architettonici
concióne	sf	arringa, discorso roboante fatto in pubblico
conclave	sm	riunione plenaria dei cardinali per eleggere il nuovo pontefice
concrezione	sf	aggregazione di sostanze minerali; in medicina deposito di materiale in una

cavità (ES: calcoli)

concubino – a	sm/sf	convivente con una persona senza essere sposati
congèrie	sf	ammasso confuso di cose
congruenza	sf	convenienza, corrispondenza, proporzione; sinonimo: congruità
consonanza	sf	unione di due o più suoni in perfetta armonia; corrispondenza di intenti o di aspirazioni
consustanziale	agg	identico in quanto alla sostanza e alla natura; in teologia identità della SS.Trinità
contingènza	sf	l'essere accidentale, non necessario; occasione, circostanza indennità monetaria data ai lavoratori in aggiunta alla retribuzione normale per adeguamento al costo della vita
contrappunto	sm	arte di combinare con una data melodia una o più melodie vocali e/o strumentali
contrattura	sf	contrazione involontaria e più o meno persistente della muscolatura
controvènto	sm	cavo di rinforzo contro l'azione del vento; ES: in aeronautica per rinforzare un'ala
copròfago	sm/agg	che mangia gli escrementi
còpula	sf	forma verbale che unisce il soggetto ed il predicato nominale; accoppiamento,0000 coito
copulativo	agg	congiunzione coordinante (anche, e, se, né); di verbo che unisce il soggetto al predicato

coramella	sf	striscia di cuoio usata per affilare rasoi o lame in genere
còrba	sf	grossa cesta di vimini
cordiglio	sm	cordone portato alla vita da appartenenti di alcuni ordini religiosi
cordite	sf	esplosivo a base di fulmicotone, nitroglicerina e vaselina in forma di grossi fili (spaghetti)
corèa	sf/agg	malattia del sistema nervoso con contrazioni muscolari scomposte; danza
coreografìa	sf	arte di comporre i balletti ed anche la sua esecuzione
corèuta	sm	ciascuno dei cantori e danzatori del teatro greco antico
corollàrio	sm	verità conseguente da un'altra precedentemente dimostrata
correità	sf	forma di concorso con altri in un atto delittuoso
corrivo	agg	avventato, troppo facilmente disposto; accondiscendente, tollerante
corroborare	vtr	fortificare, rinvigorire, irrobustire
corruttèla	sf	depravazione, corruzione morale; disfacimento da una condizione iniziale
corsétto	sm	bustino da donna; apparecchio ortopedico per sostenere la colonna
corvée	sf	turno di lavoro non pagato; servizio di fatica dei militari, ad esempio per la pulizia delle caserme
cosmogonia	sf	interpretazione dell'origine dell'universo e della sua evoluzione

còte	sf	pietra abrasiva durissima per affilare le lame
coténna	sf	la pelle del maiale
còtta	sf	ampia tunica medioevale con lunghe maniche; indumento liturgico bianco
còttimo	sm	retribuzione data in base al lavoro svolto e non pagata per le ore lavorate
coturno	sm	calzatura usata nell'antichità dagli attori greci; stivaletto orientale allacciato sul davanti
credulità	sf	facilità di credere a tutto ciò che viene detto
crioterapia	sf	terapia che usa le basse temperature
crisàlide	sf	stato larvale delle farfalle
crittografìa	sf	scrittura segreta decifrabile solo conoscendone la chiave di cifratura
crivello	sm	vaglio; arnese costituito da una rete atta a separare materiali di varia pezzatura
crocchétta	sf	specie di polpetta di forma rotondeggiante fritta in padella
crocidìo	sm	il verso del gracchiare tipico del corvo e della cornacchia
crogiòlo	sm	recipiente usato per fondere metalli
cromare	vtr	rivestire i metalli con un sottile strato di cromo
cromidrosi	sf	abnorme colorazione del sudore

cromosoma	sm	ciascuno dei segmenti in cui si divide la cromatina delle cellule durante la cariocinesi; s'intende anche il filamento responsabile della trascrizione genetica
crònico	agg	si riferisce ad una condizione morbosa di lungo decorso
cròtalo	sm	serpente a sonagli; strumento a percussione costituito da due valve lignee percosse una contro l'altra
cùbito	sm	unità di misura di lunghezza di 44,4 cm; una delle due ossa lunghe dell'avambraccio
cuna	sf	culla; cavità di terreno; canaletto lungo una strada per lo scolo delle acque
curatèla	sf	forma di assistenza prescritta dalla legge in favore di soggetti parzialmente incapaci
curiale	agg	pertinente alla curia (ripartizione politica e religiosa del popolo romano; aulico, di corte; linguaggio proprio degli avvocati e dei cancellieri
cursóre	sm	messo, corriere; lo scorrevole di una cerniera lampo o di uno strumento di misura
cùscus	sm	piatto di origine africana costituito da farina, verdure e/o carne e sugo piccante
cùspide	sf	punta, vertice; coronamento di forma triangolare o piramidale di un edificio

LETTERA D

dabbenàggine	sf	semplicità d'animo e di mente
dabbene	agg	uomo onesto, probo
dagherròtipo	sm/agg	immagine fotografica ottenuta su lastra metallica; apparecchio atto a quest'uso
daltonismo	sm/agg	incapacità di distinguere i colori, specialmente il rosso dal verde
danda	sf	ciascuna delle due strisce usate per sostenere i bambini quando iniziano a camminare
dandismo	sm/agg	ostentazione di raffinata eleganza nei modi e nel vestire
dappocàggine	sf	inettitudine, scarsa capacità di fare
débbio	sm	Il bruciare le erbe secche di un terreno al fine di migliorare il terreno
debraiata	sf	cambio di marcia con doppio colpo di frizione per ingranaggi del cambio non sincronizzati
debuttare	vintr	presentarsi per la prima volta in pubblico; dara inizio ad un'attività, una carriera
decabrista	sm	ufficiale della guardia imperiale russa che partecipò alla rivolta contro lo zar nel 1825
decadentismo	sm	movimento artistico letterario di fine Novecento contrapposto al positivismo scientifico

decano	sm/agg	chi per ragioni di età e capacità occupa il primo posto fra i colleghi; il cardinale più anziano
decampare	vintr	togliere il campo, defilarsi, darsi vinto, cedere
decapàggio	sm/agg	operazione di pulitura di una superficie con sostanze sgrassanti
deciduo	agg	destinato a cadere una volta esaurita la propria funzione
declamare	vtr	recitare con intonazione solenne, con enfasi
declaratòria	sf	provvedimento del giudice avente valore dichiarativo
decórso	sm/agg	l'andamento di un processo, una malattia nel tempo
decòtto	agg/sm	nel linguaggio giuridico, fallito; bevanda medicamentosa ottenuta facendo bollire in acqua spezie o essenze con effetto benefico e/o medicamentoso
defati/gare -care	vtr	stancare, esaurire le capacità fisiche di una persona
deferènte	agg	in anatomia che porta da un punto ad un altro; chi si rimette al giudizio di altri
deferiménto	sm/agg	denuncia; il rimettere all'altrui esame, all'altrui giudizio
defilar/e-si	vtr	sottrarre uomini o mezzi dal campo (militare); sottrarsi ad un impegno
deflazione	sf	in economia riduzione generale dei prezzi con conseguente aumento del potere d'acquisto della moneta

deìttico	agg	dimostrativo, che designa con evidenza, precisione
delatóre	sm/agg	chi per vendetta o per lucro denuncia una persona
deletèrio	agg	estremamente nocivo alla salute fisica o spirituale
delfino	sm	chi è destinato a succedere ad una alta carica
demagogia	sf	degenerazione della democrazia con sollecitazione dei più bassi istinti e lusinghe alle masse
demànio	sm	complesso dei beni appartenenti allo stato
demiurgo	sm	capo supremo; artefice dell'universo; nella Grecia antica gli artigiani in contrapposizione agli schiavi
demofobìa	sf	paura ossessiva degli affollamenti
demologìa	sf	studio delle tradizioni popolari
demoplutocrazia	sf	regime di plutocrazia in una società solo formalmente democratica
depauperaménto	sm	impoverimento
depauperizzazione	sf	in economia riduzione generale dei prezzi con conseguente aumento del potere d'acquisto della moneta
depressióne	sf	abbassamento di un livello; in economia ristagno economico, recessione; riferito ad una persona s'intende una grave riduzione dell'efficienza fisica ma soprattutto psichica

desueto	agg	caduto in disuso
deuteronòmio	sm	quinto libro del Pentateuco sui discorsi di Mosè relativi alla vita religiosa
diàcono	sm	nella chiesa cattolica ministro inferiore al prete, di supporto allo stesso nell'esercizio del culto
diacronia	sf	modifica della lingua nel tempo
dialisi	sf	in medicina intervento terapeutico volto a purificare il sangue in pazienti con patologia renale
diamantino	agg	saldo, forte, duro
diarchìa	sf	governo di due persone o di due organi
diàspora	sf	dispersione di un popolo; ES: quella del popolo ebreo
diàstasi	sf	separazione, allontanamento; ES: in medicina si dice di scostamento di parti di organi come nelle fratture
diastole	sf	in fisiologia fase di dilatazione delle cavità cardiache; nella metrica italiana è lo spostamento dell'accento sulla penultima vocale di una parola ES: umìle, penètra
diatonia	sf	in musica passaggio diretto del suono dall'uno all'altro grado della scala; ES: dal do al re
diàtriba	sf	dibattito o scritto su di un argomento filosofico o non aspramente polemico
dicotomia	sf	divisione o suddivisione in due parti

didascalìa	sf	scritta esplicativa di un testo letterario o teatrale; in un film è la scrittura in basso del dialogo degli attori
didatta	sm	insegnante, docente
dietista	sm	esperto in scienza dell'alimentazione
dietrologia	sf	tendenza ad assegnare ai fatti cause diverse da quelle dichiarate o apparenti
dignità	sf	condizione di nobiltà morale
digressiòne	sf	deviazione dal cammino o dal tema o dall'argomento in discussione
dilèmma	sm	alternativa, necessità di scelta fra due alternative
diletto	sm/agg	teneramente amato; sensazione di compiacimento o di soddisfazione; divertimento, passatempo
diòcesi	sf	suddivisione amministrativa nell'Impero Romano; circoscrizione territoriale posta sotto la giurisdizione del vescovo
diorama	sm	visione panoramica, quadro d'insieme
diptero	sm	in archeologia dicesi di tempio con doppia fila di colonne intorno alla cella
diplomazìa	sf	complesso degli organi di rappresentanza di uno stato
dipòrto	sm	spasso, svago, divertimento
dirimere	vtr	risolvere definitivamente, separare

discènte	sm	discepolo, scolaro
discinesìa	sf	movimento disordinato dei muscoli volontari e non
disfonìa	sf	alterazione del timbro o del volume della voce
disforìa	sf	angoscia, pena, sofferenza psichica
disgrafìa	sf	alterazione patologica della scrittura
dismenorrèa	sf	mestruazione dolorosa
dispepsìa	sf	difficoltà di digestione
dissertare	vintr	trattare un argomento con grande erudizione
distico	sm	strofa di due versi composta da un esametro ed un pentametro
distrofia	sf	alterazione del trofismo di singoli tessuti o dell'intero organismo
ditirambo	sm	poesia lirica corale greca in onore di Dionisio; scritto o discorso di lode a qualcuno
dittico	sm	copia di tavolette incernierate contenenti figure o scritti eseguiti su di una spalmatura di cera
diurèsi	sf	secrezione dell'urina
divisare	vtr	proporsi, decidere, dividere, separare, descrivere, esaminare minutamente
dòglia	sf	dolore, sofferenza

dogma	sm	nella teologia cattolica verità rivelata, principio fondamentale
dolabra	sf	tipo di ascia romana avente da un lato una lama tagliente e dall'altra una punta
dolina	sf	cavità superficiale tipica delle regioni carsiche
doping	s ing	somministrazione illegale di droga ad atleti o ad animali per esaltarne le prestazioni
doppiàggio	sm	in cinematografia registrazione del parlato nella colonna sonora di un film
doviziòso	agg	corposo, ricco, abbondante, dicesi di persona facoltosa
draconiano	agg	di provvedimento particolarmente rigoroso
draga	sf	macchina per scavi subacquei
dràstico	agg	energico, efficace, risoluto
drenàggio	sm	sottrazione d'acqua da un terreno; in medicina tecnica di asportazione all'esterno di liquidi
drive-in	loc ing	luogo pubblico adibito a spettacoli o altro, raggiungibile in macchina
drizza	sf	nelle attrezzature navali ciascuno dei cavi che servono ad alzare le vele
drone	sm	velivolo privo di pilota comandato a distanza
drudo	sm/agg	fedele, leale; amante, corteggiatore
duétto	sm	composizione musicale per due esecutori vocali o strumentali

dùglia	sf	nell'attrezzatura navale ciascuna spira di un cavo arrotolato sul ponte scoperto
dulia	sf	culto di venerazione de santi
dumping	s ing	esportazione di merci a prezzi bassi per entrare in un mercato estero
dùttile	agg	arrendevole, malleabile, versatile; metallo che può essere plasmato in fili sottili o in lastre sottili
duty free	loc ing	libero da dazi doganali

LETTERA E

èbbro	agg	agitato, esaltato, bramoso; ubriaco
ebefrenìa	sf	varietà di schizofrenia dell'età giovanile caratterizzata da apatia, indifferenza affettiva
eccepire	vtr	fare eccezione, muovere obiezioni, addurre in contrario
ecista	sm	fondatore (di una città, di un impero)
eclatante	agg	splendido, suggestivo, che colpisce lo sguardo o l'attenzione
eclettico	sm/agg	chi segue nell'arte o nella scienza sistemi o indirizzi diversi
eclèttismo	sm	elaborazione teorica, sia in campo scientifico che culturale, di elementi diversi anche eterogenei

ecocìdio	sm	opera di consapevole distruzione dell'ambiente naturale
ecofobìa	sf	paura di rimanere soli in casa
ecografìa	sf	tecnica diagnostica di esplorazione interna al corpo umano attraverso ultrasuoni
ecolalìa	sf	nel parlare abituale abitudine a ripetere una o più parole
ecologìa	sf	studio delle relazioni fra organismi ed ambiente
edace	agg	che divora, consuma, logora, distrugge
edèma	sf	abnorme aumento dei liquidi all'interno dei tessuti
edènico	agg	paradisiaco
edeologia	sf	studio o trattato sugli organi genitali
edonismo	sm	concezione filosofica secondo cui il conseguimento del piacere è il fine esclusivo della vita
edulcorato	agg/pp	addolcito; mitigato, attenuato nella sua gravità
efèbo	sm	giovinetto, adolescente; giovinetto che ha aspetto e forme delicate di fanciulla
effemèride	sf	diario, cronaca puntuale; anticamente era il libro in cui venivano registrati gli atti del sovrano
effigiare	vtr	rappresentare con un'immagine, ritrarre
èforo	sm	magistrato collegiale spartano (uno dei cinque)

ègida	sf	corazza protettiva ricoperta di pelle di capra; protezione, difesa
egira	sf	abbandono da parte di Maometto della Mecca
ègloga	sf	componimento poetico ispirato alla vita bucolica
egolatrìa	sf	culto di sé
eiezione	sf	espulsione violenta di materiale solido o liquido (ES: dai vulcani, dagli intestini)
elegìa	sf	componimento poetico in distici con motivi commemorativi o passionali
elezióne	sf	designazione ad una carica mediante votazione; scelta conforme alle proprie preferenze
èlfo	sm	genietto della mitologia germanica, abitatore dei boschi
eliògrafo	sm	strumento telegrafico ottico che trasmette segnali luminosi
elioscòpio	sm	cannocchiale astronomico per guardare il sole direttamente senza offesa degli occhi
elisióne	sf	soppressione di una vocale finale di parola a fronte di una iniziale vocalica seguente
elitàrio	agg	colui che fa parte di un gruppo culturalmente elevato o raffinato (élite)
èlitra	sf	ciascuna delle prime due ali indurite degli insetti atte a proteggere le successive e l'addome
elòbio	sm/agg	organismo che vive in ambienti umidi e/o paludi
elucubrare	vtr	elaborare con eccessiva cura e meticolosità

eluso	pp	sfuggito, evitato
elusivo	agg	evasivo, evitato con astuzia
elzeviro	sm	carattere di stampa molto piccolo; articolo di fondo della terza pagina del giornale
ematologìa	sf	studio fisiologico e patologico del sangue
embolìa	sf	occlusione di un vaso sanguigno da parte di sostanze di varia natura (emboli)
émbrice	sm	tipo di tegola trapezioidale con i lati maggiori rialzati
embrióne	sm	in biologia organismo in via di sviluppo; primo accenno di un pensiero, di un'azione
emerotèca	sf	raccolta di giornali e periodici di solito allocata in una biblioteca
emolliènte	agg	che rende molle, morbido; in farmacia medicamento protettivo delle mucose
emòstasi	sf	arresto di un'emorragia
empatìa	sf	capacità di comprendere lo stato d'animo di un'altra persona
empièma	sf	raccolta di pus in una cavità
empietà	sf	comportamento malvagio, scellerato
èmulo	sm	colui che cerca di eguagliare, imitare, emulare altri in qualcosa
enclitico	agg	dicesi di parola atona che si appoggia nella pronuncia alla parola precedente
encòlpio	sm	custodia con reliquia di santi appesa al collo (nel cristianesimo antico)

encòmio	sm	lode verbale o scritta, ricompensa
endèmico	agg	proprio di un determinato territorio, detto di malattie
endocàrp(i)o	sm	la parte interna del frutto
endotèrmico	agg	di processo chimico o fisico che avviene con assorbimento di calore
èneo	agg	bronzeo
enfàtico	agg	colui che si mostra esagerato nei toni o nei gesti
enfiagióne	sf	gonfiore, tumefazione
enfisèma	sm	in patologia presenza anormale di aria o gas all'interno di organi o tessuti
enfitèusi	sf	in giurisprudenza diritto reale su un fondo altrui ma con l'obbligo di migliorarlo
enotèca	sf	locale con vendita e/o degustazione di vini pregiati
entalpìa	sf	in un sistema termodinamico la somma dell'energia interna e del prodotto della pressione per il volume
èntasi	sf	rigonfiamento della colonna ad un terzo o a metà dell'altezza per una vista estetica
enterobattèrio	sm	nome di batterio che vive nell'intestino
entèrico	agg	intestinale
entomologìa	sf	studio degli insetti

enucleare	vtr	individuare i termini essenziali di un problema, spiegare
eonismo	sm	tendenza ad abbigliarsi con abiti femminili da parte di individui di sesso maschile
eonìstica	sf	antica arte divinatoria sull'osservazione del volo degli uccelli
epatite	sf	processo infiammatorio del fegato
epèntesi	sf	immissione in linguistica nell'interno di un gruppo fonetico di un suono non etimologico; gioco enigmistico che immette in una parola una lettera che modifica la parola stessa ES: cane in carne, panca in pancia
epicàrpio	sm	in botanica strato esterno della parete del frutto
epicèdio	sm	canto funebre greco
epicèno	sm/agg	in grammatica nome che non distingue il maschio dalla femmina; Es: gorilla, tigre
èpico	agg	pertinente alla narrazione poetica di gesta eroiche
epicurèo	sm/agg	persona dedita ai piaceri della vita
epidemìa	sf	manifestazione collettiva di una malattia, diffusione rapida della stessa
epidìttico	agg	dimostrativo, espositivo
epifanìa	sf	manifestazione, apparizione; giorno (sei gennaio) della visita dei re magi a Gesù
epìfisi	sf	in anatomia ghiandola pineale; nel sistema scheletrico ciascuna delle due parti

		estreme delle ossa lunghe
epìfita	sf	pianta che cresce sopra un'altra senza ricavarne il nutrimento (a differenza delle parassite)
epifonèma	sf	frase esclamativa in forma di sentenza a conclusione di un discorso
epigèo	agg	dicesi di piante che vivono fuori dal terreno
epìgono	sm	discepolo, seguace, imitatore
epìgrafe	sf	iscrizione in prosa o in versi su di una tomba
epigramma	sm	breve componimento in versi di tono satirico o ironico
epinìcio	sm	componimento lirico per celebrare una vittoria; scritto o discorso celebrativo
episcopale	agg	vescovile
episiotomìa	sf	incisione chirurgica dell'orifizio vulvare durante un parto difficile
episismo	sm	terremoto con profondità inferiore a cinquanta km
epistèmico	agg	riguardante l'aspetto rigoroso e teorico della conoscenza
epistemologìa	sf	parte della gnoseologia che si occupa dei metodi e dei fondamenti della conoscenza scientifica
epistolografìa	sf	l'arte di scrivere lettere
epitàffio	sm	discorso funebre; iscrizione sepolcrale

epitèlio	sm	tessuto di rivestimento della superficie esterna o cavità interna del corpo
epìtesi	sf	aggiunta di un elemento non etimologico alla fine di una parola ES: alcole invece di alcol
epìteto	sm	sostantivo, aggettivo o locuzione attributiva per indicare una caratteristica del soggetto ES: Achille piè-veloce, parole alate, il padre Giove; titolo ingiurioso
epitome	sf	compendio, riassunto di un'ampia opera, soprattutto storiografica
epìtrope	sf	nella chiesa ortodossa raccolta di decisioni relative a questioni spirituali o materiali
epònimo	sm/agg	divinità o eroe che dà il nome ad una città, una famiglia, etc ES: Atene da Atena
epopèa	sf	narrazione di gesta eroiche
equipollènte	agg	che ha uguale valore o efficacia
eretico	agg	cristiano che nega o dubita di alcune verità rivelate o sostenute dalla Chiesa; irriverente, anticonformista; il capo di tale movimento è detto eresiarca
eretismo	sm	stato di esagerata eccitabilità di un organo o di tutto l'organismo
eritèma	sf	arrossamento temporaneo della cute
erma	sf	scultura su pilastro di testa e mezzo busto
ermafroditismo	sm	in biologia presenza nello stesso individuo di caratteri riproduttivi dei due sessi

ermenèutica	sf	tecnica d'interpretazione di testi antichi, leggi, documenti storici
ermo	agg	solitario
esagitare	vtr	turbare o eccitare
esantèma	sf	eruzione cutanea di varia forma con vescicole, pustole; ad ES: nel morbillo
esaustivo	agg	esauriente, trattato compiutamente
esautorare	vtr	privare dell'autorità
escatologìa	sf	dottrina religiosa o filosofica riguardante i destini finali dell'umanità e del mondo
escòmio	sm	disdetta data ad un colono o mezzadro
esegèsi	sf	interpretazione critica di un testo
esegèta	sm	interprete di testi letterari, giuridici o sacri
esiziale	agg	rovinoso, che reca gravissimo danno
èskimo	sm	ampio giaccone con cappuccio
esògeno	agg	che ha origine dall'esterno, che deriva da fenomeni esterni
esondazione	sf	straripamento
esorcismo	sm	pratica che viene seguita in tante religioni per scacciare il male dal corpo dell'indemoniato

esosfèra	sf	parte esterna dell'atmosfera terrestre oltre i 120 km
esostòsi	sf	proliferazione ossea circoscritta
esotèrico	agg	interno, segreto; destinato ai discepoli o agli iniziati
esotèrmico	agg	di processo chimico sviluppante calore
esòtico	agg	proveniente da paesi lontani
espùngere	vtr	sopprimere dal testo parole o frasi
essotèrico	agg	rivolto a tutti (contrario di esoterico)
èstasi	sf	stato di isolamento, di stupore, d'innalzamento spirituale
estèta	sm	persona di gusti raffinati; chi in arte afferma il concetto del bello in sé e per sé
estivazióne	sf	migrazione stagionale dei greggi e delle mandrie dal fondovalle all'alta montagna
estradòsso	sm	in architettura superficie esterna di un'arco o volta; superficie superiore di un'ala dell'aereo
estrapolazione	sf	estensione di concetti da un campo di conoscenza ad un altro più elevato; isolamento, separazione da un contesto; in MAT: procedimento di estensione dei valori di una funzione data al di là dei limiti nei quali è conosciuta
estrìnseco	agg	che proviene da fuori; in filosofia ciò che non etra nell'essenza dell'essere

esusto	agg	riarso, bruciato
etèra	sf	donna di liberi costumi nell'antica Grecia; cortigiana, prostituta
etèreo	agg	celeste, purissimo, incorporeo
eteròclito	agg	irregolare, anomalo; in grammatica nomi o verbi che si flettono con più temi o radici, ES: andare-vado, sono-fui
eterodossìa	sf	professione di dottrine od opinioni religiose o partitiche diverse da quelle ufficiali
eteronimìa	sf	diversità di denominazione di coppie od oggetti naturali, etimologicamente diversi, ES: fratello e sorella
eterotermìa	sf	In biologia fenomeno per cui gli esseri viventi assumono all'incirca la temperatura dell'ambiente all'infuori degli uccelli e dell'uomo
ètimo	sm	origine di una parola
etimologìa	sf	scienza che studia l'origine delle parole
etnografìa	sf	studio dei popoli della terra
etnologìa	sf	studio comparativo delle caratteristiche dei popoli
eufemismo	sm	figura retorica che consiste nella sostituzione di una parola o espressione con significato più attenuato; ES: andarsene per morire, scatole per genitali

eufònico	agg	che dà buon suono ES: ed ecco invece di e ecco; essi venivano e (ed) erano tristi
eugenètica	sf	studio rivolto al miglioramento della specie umana (si dice anche eugènia)
eupepsìa	sf	in medicina il normale svolgimento dei processi digestivi
èureka	s grc	espressione di soddisfazione per aver trovato qualcosa o la soluzione di un problema
euristica	sf	ricerca di fonti e documenti con lo scopo di prevedere o intuire certi risultati
euritmìa	sf	funzionamento regolare del polso
eutanasìa	sf	morte serena e indolore
eutimìa	sf	serenità o superiorità d'animo nel sopportare i dolori.
eutocìa	sf	parto spontaneo naturale
eutrofìa	sf	buono stato di nutrizione dell'organismo
evanescente	agg	sfuggente; di forma vaga e indistinta, che va svanendo
eversivo	agg	che tende a rovesciare, a sopprimere l'ordine sociale
evirazióne	sf	castrazione dell'uomo
evocare	vtr	chiamar fuori; richiamare alla mente
evoluzionismo	sm	dottrina filosofica e naturalistica che considera lo sviluppo della vita dalle forme più primitive a quelle più evolute

exploit	s fr	impresa singolare, imprevedibile
extraterritoriale	agg	che non è soggetto alla giurisdizione dello stato in cui si trova
eziandìo	cong	anche, ancora, altresì
eziologìa	sf	scienza che studia le cause di un fenomeno

LETTERA F

fabbricerìa	sf	ente amministrativo di gestione dei beni ecclesiali
face	sf	fiaccola; luce, splendore
facèto	agg	piacevole e arguto nel parlare
facezia	sf	motto arguto, frase spiritosa
facond-o/ia	agg/sf	uomo dalla parola facile - facilità di parola
faglia	sf	in geologia frattura di masse rocciose con spostamento relativo delle due parti
fagocito	sm	cellula capace di inglobare e distruggere microrganismi o altre cellule
falànsterio	sm	grosso caseggiato ad alta concentrazione abitativa

falàrica	sf	sorta di giavellotto lanciato a mano o con catapulta, anche con materiale incendiario all'estremità
falèsia	sf	scarpata molto ripida dovuta all'erosione del mare
fallace	agg	che può ingannare illudere, indurre in errore
fallectomìa	sf	asportazione chirurgica del pene
fallo	sm	colpa, errore, difetto, peccato; organo genitale maschile
falpalà	sf	gala di stoffa pieghettata o increspata al bordo di gonne o di tende
fàmulo	sm	servo, famiglio
fandango	sm	danza andalusa accompagnata da nacchere; musica che accompagna tale danza
fantasmagorìa	sf	rapido susseguirsi di immagini, suoni, colori in rapida successione
fantasmàtico	agg	che ha rapporto con fantasmi o con prodotti della fantasia o immaginazione
fariseo	sm	aderente ad una setta religiosa integralista giudaica; persona ipocrita
fastìgio	sm	cima, sommità; frontone del tempio greco
fasullo	agg	falso
fattuale	agg	effettivo, reale
fattivo	agg	attivo, operoso

fatuo	agg	vuoto, vano, leggero, che dura poco
fedìfrago	agg	che rompe i patti, che non sta ai patti, si dice anche di coniuge infedele
fenomenologìa	sf	descrizione del modo in cui si presenta e manifesta la realtà
fenotipo	sm	complesso delle caratteristiche morfologiche e funzionali di un organismo
fèrcolo	sm	nella Roma antica lettiga in cui si portavano in processione le immagini degli dei o, nel trionfo, le spoglie dei nemici; vassoio per portare i cibi in tavola
fermentazione	sf	processo chimico di parziale demolizione di una sostanza organica a causa di enzimi
feticismo	sm	culto tributato ad oggetti materiali; adorazione cieca di cosa o persona; anomalia sessuale in cui l'interesse erotico è rivolto al corpo della persona amata o ad un oggetto della stessa
fibrissa	sf	pelo delle cavità nasali
fideiussiòne	sf	garanzia di carattere personale per la quale un soggetto si obbliga nei confronti del creditore a soddisfare in via accessoria l'obbligazione assunta dal debitore
filantropìa	sf	amore verso il prossimo al fine di soddisfare la loro felicità o benessere
filautia	sf	amore eccessivo di sé
filologia	sf	disciplina intesa alla ricostruzione di documenti letterari ed alla loro interpretazione

filosofèma	sf	proposizione filosofica; argomentazione astratta, sofisma
filosofia	sf	attività di conoscenza dell'umano pensiero nella storia dell'uomo; visione distaccata e serena della realtà
fimòsi	sf	in medicina restringimento del prepuzio che non permette di scoprire il glande
finanzièra	sf	pietanza di carni varie e uova cotte con burro e servita con crostini
finca	sf	ciascuna delle suddivisioni delle colonne verticali o righe orizzontali di un registro o di una tabella di dati
fincato	agg	suddiviso in colonne
finìtimo	agg	confinante
fiottare	vintr	gorgoglio dell'acqua; fluttuare, ondeggiare
fisiologìa	sf	scienza che studia le funzioni degli organismi viventi, animali o vegetali
fisiopatologìa	sf	scienza che studia le modificazioni delle funzioni organiche per varie patologie
fìssile	agg	che si può fendere in lamine, scaglie o lastre
fìstola	sf	tubo usato nell'antichità per la conduttura delle acque; in medicina condotto che mette in comunicazione un organo con la superficie cutanea o tra organi in cavità profonde
fìttile	agg	che è plasmato di terracotta

fiumana	sf	corrente larga e impetuosa di un fiume in piena
flabello	sm	grande ventaglio fissato ad una lunga asta (tipico dei sovrani orientali o del papa)
fleboclisi	sf	somministrazione per via endovenosa, goccia a goccia, di soluzione medicamentosa
florilègio	sm	scelta di opere o di brani di opere di uno o più autori raccolti in un unico volume
focomelìa	sf	malformazione congenita per cui gli arti si presentano come appendici rudimentali del tronco, simili a quelli delle foche
fomentazione	sf	incitamento, eccitazione, sprone a fare qualcosa, in senso negativo; applicazioni medicamentose liquide
fòmite	sm	esca per accendere il fuoco; cagione, incentivo di un male
fòndaco	sm	deposito o magazzino di merci aperti in mercati stranieri nel medioevo
fonema	sm	in linguistica ogni elemento sonoro o unità elementare del linguaggio articolato
fontanile	sm	presa d'acqua a scopo irriguo; abbeveratoio in muratura
foràneo	agg	che è fuori della città
forastico	agg	poco socievole, rustico, selvatico
forbito	agg	curato, raffinato, elegante nitido, terso
forchettone	sm	uomo politico che mangia cioè cattivo amministratore della cosa pubblica, volto solo al proprio interesse

fornicare	vintr	avere rapporti sessuali con persona d'altro sesso senza essere sposati
forra	sf	profonda gola a pareti verticali ravvicinate in cui scorre un corso d'acqua
fosfène	sm	in medicina abnorme sensazione visiva di punti luminosi o scintille per stimoli fisici o condizioni morbose
frale	agg	fragile
frappa	sf	frangia, lembo d'abito frastagliato; dolce ritaglio di sfoglia fritto (crescentina)
frègio	sm	fascia decorativa orizzontale
frégola	sf	eccitamento sessuale degli animali; voglia desiderio smanioso
frenesìa	sf	stato di eccitazione; brama smaniosa e irragionevole; delirio, pazzia furiosa
frenologìa	sf	teoria che studia la psicologia dell'individuo attraverso la conformazione del cranio
frigidità	sf	temperamento freddo, insensibile, apatico; in medicina assenza di desiderio erotico
frinire	vintr	verbo onomatopeico riferito al suono stridulo delle cicale
frìvolo	agg	dicesi di persona superficiale, leggera, di poca serietà
frògia	sf	ciascuna delle estremità carnose del naso degli equini
fròtta	sf	folto gruppo di persone od animali in movimento

frugalità	sf	temperanza nel mangiare e nel bere; sobrietà
frugolare	vintr	rovistare qua e là; si dice anche del maiale che fruga col muso fra la terra
frùgolo	sm	bambino vivace, irrequieto
frùscolo	sm	ramoscello secco
fumoir	s fr	ambiente riservato ai fumatori
funambolismo	sm	notevole capacità di equilibrio, sia fisica che morale
funàmbolo	sm	equilibrista, anche sulla corda; chi si destreggia nella vita, in politica
funìcolo	sm	in anatomia formazione simile ad una funicella; sinonimo di cordone ombelicale
furerìa	sf	ufficio amministrativo di un reparto militare
fusciacca	sf	larga fascia di stoffa che si avvolge alla vita come insegna pubblica o di arricchimento della veste
fustella	sf	utensile d'acciaio che serve a tranciare vari materiali in fogli; talloncino dei medicinali riportante il prezzo

LETTERA G

gabbare	vtr	ingannare, imbrogliare
gabbèo	sm	tavola su cui, nelle saline, si stende il sale ad asciugare
gabbo	sm	burla, beffa
gabèlla	sf	imposta, tassa
gaiétto	agg	screziato, variopinto; si dice del mantello del cavallo di colore nero lucido
galàssia	sf	sistema di stelle e materia interstellare, comprendente anche il sole. Detto anche Via Lattea
galatéo	sm	trattato di Monsignor Della Casa sulle regole di convenienza fra le persone
galèna	sf	materiale contenente piombo con elevate proprietà semiconduttrici
galvanoplàstica	sf	processo elettrolitico per cui si formano oggetti di metallo che si deposita su stampi fungenti da catodo
ganga	sf	complesso dei minerali non utilizzabili associati ai minerali utili in un giacimento minerale
gànglio	sm	formazione anatomica disposta lungo i nervi encefalici, spinali o linfatici; centro di attività, punto vitale
gàmete	sm	in biologia cellula destinata alla fecondazione per dare origine ad un nuovo individuo

ganimède	sm	damerino, uomo dai modi effeminati
ganzo	sm/agg	persona furba e scaltra; che desta meraviglia, straordinario
garròtta	sf	strumento per l'esecuzione capitale data uno strangolamento mediante un cerchio di ferro
gàrrulo	agg	stridulo, ciarliero, pettegolo; chiassoso
gastrite	sf	infiammazione dello stomaco
gattabùia	sf	prigione
gavétta	sf	recipiente di latta contenente il rancio dei militari; carriera di persona che si è fatta da sola
gavotta	sf	danza francese leggiadra
gazebo	sm	chiosco da giardino
gemicare	vtr	colare a piccole gocce, trasudare
geminare	vtr	raddoppiare, duplicare
gèmino	agg	duplice
gemi-zìo/tìo	sm	trasudamento di un liquido o di umori; ad esempio del siero del sangue; stillicidio
genèsi	sf	origine, formazione; primo libro del Pentateuco
genètico	agg	che riguarda l'eredità biologica

genitale	agg	che ha rapporto con la generazione, che serve per la generazione
genotipo	sm	insieme dei caratteri genetici di un individuo
geocentrismo	sm	sistema o teoria che considera la terra al centro dell'universo
geòde	sm	cava all'interno di una roccia con pareti rivestite di cristalli
geologìa	sf	scienza che studia la costituzione, struttura ed evoluzione della crosta terrestre
geopolìtica	sf	studio dei fattori geografici che condizionano l'azione politica
gerarca	sm	chi era investito della suprema autorità religiosa; chi durante il fascismo occupava incarichi di partito
geremiade	sf	lunga e fastidiosa lamentela
gèrgo	sm	linguaggio ricco di parole o espressioni usato da determinati gruppi di persone
geroglifico	sm/agg	ciascuno dei segni della scrittura egizia
gestapo	sf	polizia segreta tedesca durante il nazismo
ghenga	sf	combriccola, compagnia
ghétta	sf	gambiera bassa di stoffa allacciata sopra la scarpa usata nelle uniformi militari
ghétto	sm	quartiere abitato quasi esclusivamente da ebrei; parte vecchia di una città abitata da poveri
ghigno	sm	riso beffardo e cattivo

ghìngheri	sm	si usa nella locuzione verbale in ghingheri per indicare persona con ricercata eleganza
ghiribizzo	sm	idea strana e bizzarra, capriccio improvviso
giaco	sm	maglia di acciaio coprente il busto e le braccia usata nel medioevo
gigióne	sm	attore che tende a strafare; persona di grande presunzione e vanità
ginepràio	sm	terreno ingombro di sterpaglia; faccenda intricata, di difficile soluzione
ginnàsio	sm	nell'antica Grecia luogo dove i giovani si esercitavano nudi; corso di studi classici
giógo	sm	strumento per l'attacco di bovini a fini di traino; coppia di buoi
giornèa	sf	casacca, sopravveste militare o civile usata con i due lembi allacciati in cintura
giulèbbe	sm	bevanda di succo di frutta bollita; cibo o bevanda squisita
giurisdizione	sf	la competenza e facoltà di applicare le leggi, l'organizzazione dello stato; sfera di competenza di un organo civile, amministrativo, contabile, etc.
giurisdizionalismo	sm	sistema di rapporti fra stato e chiesa fondato sulla netta distinzione dei poteri
giusnaturalismo	sm	diritto naturale; unico ed immutabile a cui le leggi devono uniformarsi
giustapposizióne	sf	l'accostare, il mettere accanto due o più elementi materiali o astratti
glabro	agg	privo di barba, senza peli

glassa	sf	rivestimento opaco a base di zucchero per la decorazione di dolci
glàuco	agg	ceruleo intenso tendente al verde, celeste chiaro
glicèride	sf	estere della glicerina con acidi grassi
glifo	sm	in ARC: ornamento costituito da un incavo a sezione tonda; in meccanica barra rettilinea o curvilinea atta ad un collegamento variabile fra due organi meccanici
glissare	vintr	evitare di rispondere ad una domanda, evitarla anche furbescamente
glitterato	agg	ornato di lustrini, luccicante
glìttica	sf	tecnica d'incisione delle pietre preziose
globulina	sf	proteina semplice contenuta sia negli organismi vegetali che animali
glòssa	sf	annotazione interlineare o marginale a un testo biblico o giuridico; chiosa, postilla
gnatico	agg	che si riferisce alla mandibola
gnòme	sf	sentenza, norma morale
gnòmone	sm	asticella segnante l'ora sugli orologi solari
gnòrri	sm	tratto da ignorare, nella locuzione "fare lo gnorri" fingere di non sapere o non capire
gnoseologico	agg	che riguarda la conoscenza

gnòsi	sf	conoscenza rivelata delle cose divine (vedi gnosticismo)
gnosticismo	sm	complesso di dottrine dell'antico cristianesimo che indica la salvezza nella conoscenza rivelata dei misteri divini
goffratura	sf	impressione in rilievo ottenuta mediante speciali calandre su vari materiali
goléna	sf	terreno pianeggiante adiacente al letto di magra di un corso d'acqua che viene sommerso nei periodi di piena
gommalacca	sf	prodotto di secrezione di alcuni insetti usata per la preparazione di ceralacca o di alcune vernici
gommapiuma	sf	poliuretano espanso usato per imbottiture, materassi, etc.
gorgièra	sf	parte dell'armatura medioevale per la protezione del collo; collaretto increspato del 16/17° secolo
gòrgia	sf	gola; in geografia stretta valliva, sinonimo di forra
gótta	sf	malattia consistente nell'anomala deposizione di acido urico nelle articolazioni
gramo	agg	Tristo, meschino, stentato; afflitto, dolente, angosciato
gradiènte	sm	variazione per unità di lunghezza che una grandezza subisce lungo una data direzione
grànfia	sf	zampa artigliata di animale predatore
grangia	sf	fabbricato rustico con funzione di magazzino o deposito; comunità agraria benedettina

grappino	sm	piccola ancora a quattro marre; sorta di amo doppio o triplo
grèppia	sf	rastrelliera per il foraggio posta sopra la mangiatoia e contenente il foraggio
grèppo	sm	fianco brullo e scosceso del monte; sponda rialzata di una strada di campagna o di un fosso
grétto	agg	meschino, limitato; eccessivamente avaro
grìnta	sf	espressione arcigna o truce della faccia
grinza	sf	corrugamento o piegatura sgradevole; nell'espressione "non fa una grinza" si dice di ragionamento ineccepibile o di un abito che sta a pennello
grippàggio	sm	blocco che si verifica tra due pezzi meccanici per eccesso d'attrito
gròlla	sf	coppa di legno fatta al tornio
gronda	sf	parte del tetto sporgente dal muro esterno d'un edificio
grondàia	sf	canale di metallo o altro che raccoglie l'acqua del tetto, che viene raccolta e portata a terra attraverso il pluviale
grullo	agg	sciocco, semplicione
guadino	sm	retino fornito di lungo manico per recuperare il pesce preso all'amo
guado	sm	tratto di un corso d'acqua di poca profondità che può essere attraversato facilmente
gualdrappa	sf	drappo, riccamente ornato, posto sulla groppa del cavallo

guano	sm	concime naturale risultante dagli escrementi di uccelli marini del Perù e/o del Cile
guappo	sm	camorrista, teppista; persona violenta e priva di scrupoli
guardasigilli	sm	anticamente chi aveva in custodia i sigilli reali; oggi è il Ministro di Grazia e Giustizia
guardone	sm	colui che morbosamente spia l'intimità di altri
guarentigia	sf	garanzia; legge delle guarentigie: atto del governo italiano del 1871 sui rapporti con la Chiesa
guarnacca -cia	sf	lunga veste senza maniche, anche con pelliccia interna, per ripararsi dal freddo
guatare	vtr	guardare intenzionalmente, fissamente, con interesse; badare, considerare
guazzabùglio	sm	mescolanza confusa di cose varie e disparate
guazzo	sm	fradiciume abbondante e, a volte, sgradevole
gufare	vintr	fare il verso del gufo; beffeggiare; portare sfortuna, essere di malaugurio
gugliata	sf	quantità di filo che s'infila ogni volta nell'ago per cucire
guiderdóne	sm	ricompensa, rimunerazione
guisa	sf	modo, maniera, forma; anticamente col significato di foggia, costume
guitto	sm/agg	meschino, che vive miseramente; attore comico di infimo ordine
gùlag	sm russ	campo di concentramento o di lavoro forzato

gulasch	s ted.	spezzatino di carne cotta in tegame (piatto nazionale ungherese)
guru	sm	in India guida spirituale, maestro di vita religiosa
guttapèrca	sf	sostanza plastica e flessibile estratta dal lattice delle piante usata come isolante

LETTERA H

habanera	sf	danza di origine cubana
habitat	sm	insieme delle condizioni ambientali in cui vive una una determinata specie di animali o piante
habitué	sm fr	frequentatore assiduo di un luogo
hàik	sm	dall'arabo veste lunga, bianca, di lana o cotone, delle popolazioni berbere
hall	s ingl	grande sala d'ingresso o di sosta di alberghi, edifici pubblici, etc.
hamburger	s ing	medaglione di carta tritata cotta in un panino con vari contorni o ketchup
handicap	s ing	competizione sportiva con attribuzione di vantaggi differenziati; situazione di persona in difficoltà
hangar	sm fr	tettoia, rimessa, capannone

happening	s ing	manifestazione estemporanea di artisti; ritrovo, festa
harakiri	s giap	suicidio fatto con taglio del ventre mediante spada
hard-core	loc ing	si dice di spettacoli spinti eroticamente
hardware	s ing	struttura rigida di un calcolatore
hàrem	sm	parte della casa riservata alle donne ed ai bambini nel mondo musulmano antico
hascìsc	sm	droga orientale estratta dalla canapa indiana
haute societé	sf fr	alta società, aristocrazia
haute-couture	sf fr	alta moda, complesso delle grandi sartorie
hearing	s ing	ascolto; indagine conoscitiva usata nel linguaggio politico
hello!	int ingl	espressione inglese di richiamo o di saluto; al telefono corrisponde al nostro "pronto"
Herr	sm ted	signore, onorevole; (si usa davanti al nome di persone in Germania in segno di rispetto)
hertz	sm	unità di misura della frequenza
hidalgo	sm sp	titolo nobiliare spagnolo
Hi-Fi	s ing	alta fedeltà
high society	s ing	alta società

hinterland	s ted	zona retrostante ad un porto o ad una costa
hippy	s/agg ing	seguace di un movimento giovanile americano rifiutante la società consumistica
hit-parade	loc ing	rubrica radiofonica o televisiva con rassegna dei migliori successi discografici
hobby	s ing	qualsiasi occupazione diversa dal proprio lavoro per svago o passione
holding	s ing	società che detiene la maggioranza delle azioni e il controllo di un gruppo di imprese
hors-d'oeuvre	sm fr	antipasto
hot-dog	loc ing	cane caldo ovvero grosso salsicciotto caldo servito in un panino
hot pants	pl ingl	calzoni bollenti ovvero calzoni molto corti, seducenti
house boat	loc ing	casa galleggiante ovvero barcone con sopra una casa posta su di un fiume o lago
hovercraft	sm ing	veicolo che avanza slittando su di un cuscino d'aria
hully gully	sm ing	ballo di gruppo creato dai neri d'America
humus	sm lat	terreno derivato dalla decomposizione di sostanze organiche, usato come concime

LETTERA I

ialino	agg	che ha l'aspetto e la trasparenza del vetro
ialurgìa	sf	arte di lavorare il vetro
iato	sm	incontro di vocali; sinonimo di dieresi, ES: e ancora; interruzione, soluzione di continuità in senso figurato
iattanza	sf	ostentazione di presunta superiorità
icasticità	sf	efficace realismo rappresentativo
icònico	agg	relativo all'immagine, che è conforme all'immagine
iconoclasta	sm	distruttore di immagini sacre; spregiudicato ed irriverente denigratore di principi indiscussi
iconografìa	sf	disciplina che studia il ritratto come documentazione storica
iconolatrìa	sf	culto o venerazione di immagini sacre
iconologìa	sf	studio delle figure allegoriche o simboliche
iconòstasi	sf	struttura divisoria posta fra il coro e le navate costituita da un architrave poggiante su colonne
icòre	sm	sangue finissimo degli dei; secrezione dei tessuti in cancrena

idealismo	sm	concezione filosofica tendente a risolvere la realtà nel pensiero; nell'arte tendenza alla perfezione ideale
idiòma	sm	lingua, dialetto
idolatrìa	sf	culto di idoli
idoneità	sf	possesso dei requisiti necessari per una determinata attività
idiosincrasia	sf	Ipersensibilità allergica ad alcune sostanze; incompatibilità o ripugnanza esasperata
idròlisi	sf	In chimica organica scissione di un composto per l'immissione di acqua
ieràtico	agg	sacerdotale
ierocrazìa	sf	ordinamento politico basato sul potere della classe sacerdotale
ignìfugo	agg	Inattaccabile dal fuoco o che limita i danni provocati dallo stesso
igroscòpio	sm	Strumento che misura l'umidità dell'aria
ìleo	sm	osso del bacino, detto anche anca; porzione dell'intestino tenue che va dal digiuno al cieco
illùvie	sf	sporcizia, sudiciume
imbèlle	agg	incapace di una qualsiasi azione; inetto alla guerra
imbroccare	vtr	colpire nel segno; azzeccare, indovinare; mettere le gemme in una pianta da frutto
immanente	agg	che rimane, che è insito in una cosa, che ne fa parte (opposto a trascendente)

impeciato	agg	spalmato di pece o di altra sostanza appiccicosa
impetìgine	sf	infezione superficiale della pelle consistente in piccole pustole piene di pus
impetrare	vtr	ottenere per mezzo di preghiere o di suppliche una cosa vivamente desiderata, ad es.una grazia
imponderàbile	agg	di peso esiguo; di motivi la cui natura sfugge ad una previsione o valutazione
impudènte	agg	che rivela un'intollerabile mancanza di rispetto e di ritegno
inane	agg	vano, inutile
inappuntàbile	agg	si dice di persona a cui non si può muovere alcuna critica o censura
inconfutàbile	agg	assolutamente valido, veritiero, che non può essere messo in discussione
incunàbolo	sm	primo prodotto della tipografia a modello dei manoscritti antichi
indefèsso	agg	instancabile, assiduo
indefettìbile	agg	che non può venir meno
indigènza	sf	assoluta mancanza di mezzi di sussistenza
inèdia	sf	tedio, noia; stato di deperimento del corpo per mancato nutrimento
ineludìbile	agg	che non può essere evitato
ineluttabile	agg	contro cui non si può lottare o contrastare, permeato da una fatale necessità

inferènza	sf	deduzione logica per cui si passa da una verità ad un'altra
inferire	vtr	vibrare con forza;
infinocchiàre	vtr	ingannare, raggirare
inflazióne	sf	aumento eccessivo dei prezzi con conseguente diminuzione del potere d'acquisto della moneta
inflessióne	sf	piegatura, curvatura; modificazione del timbro e/o della intonazione della voce o pronunzia
inglùvie	sf	gozzo degli uccelli, forma di sacco dell'intestino per un deposito temporaneo di cibo
ingordìgia	sf	avidità eccessiva nel mangiare
innesto	sm	in agraria, inserimento su di una pianta di un'altra con migliori caratteristiche
inòpia	sf	mancanza assoluta di mezzi di sussistenza
inquisizióne	sf	inchiesta speciale arbitraria lesiva dei diritti, libertà e dignità degli individui
insipiènza	sf	ottusità intellettuale o morale
integralista	sm/agg	colui che, seguace di una religione o di un principio, ritiene che questo sia la verità assoluta
intemerato	agg	puro, incorrotto, di assoluta integrità morale
intendènza	sf	organo generalmente amministrativo ma non solo che coordina e gestisce determinati servizi

interferènza	sf	intromissione, intervento disturbatore
intèrludio	sm	intermezzo; brano musicale eseguito fra due scene o atti di una composizione vocale-strumentale
interpolazione	sf	in MAT: calcolo dei valori assunti da una grandezza o funzione in un intervallo per stimarne altri valori nello stesso intervallo; aggiunta di elementi estranei in un testo
intèssere	vtr	tessere insieme, unire più fili o steli intrecciandoli (stuoie, ceste di vimini, etc.)
intònso	agg	non tosato, che ha barba e capelli incolti; di libro non letto, a cui non sono state tagliate le pagine
intrico	sm	groviglio, viluppo; situazione imbrogliata
intrigo	sm	situazione o questione arruffata, confusa, imbrogliata
intrìnseco	agg	che appartiene alla cosa in sé, che procede dalla sua intima natura
invarianza	sf	proprietà immutabile, che non cambia
invaso	sm	in idraulica capacità di un bacino idrico; il mettere una pianta in un vaso
inviluppare	vtr	avvolgere strettamente, stringere tutt'intorno
involuto	agg	intricato, contorto, complesso
iòle	sf	snella imbarcazione di legno con o senza remi
ionoforèsi	sf	forma di elettroterapia con penetrazione nei tessuti di sostanze medicamentose

iòsa	loc avv	nella forma a iosa significa in gran quantità
ipàllage	sf	figura sintattica per cui si scambia il normale rapporto fra due parole per cui ad esempio:" il divino del pian silenzio verde" di Carducci
ipèrbato	sm	collocazione delle parole in ordine inverso dal consueto: ES: O belle agli occhi miei tende latine (Tasso)
ipèrbole	sf	in retorica figura esagerata per eccesso, es: è un secolo che aspetto; esagerazione; in geometria tipo di curva piana
ipogèo	sm/agg	sotterraneo adibito a luogo di culto o sepoltura; in biologia che vive e si sviluppa nel terreno
ipòstasi	sf	in teologia unione della natura umana e divina in Cristo
ipostatizzazione	sf	rappresentazione in modo concreto ciò che è astratto
ipòstilo	agg	in architettura dicesi di ambiente il cui tetto piano è sostenuto da più file di colonne
iperplasìa	sf	in biologia aumento delle dimensioni di un organo per eccessiva moltiplicazione delle cellule
ipertensióne	sf	eccessiva pressione arteriosa
ipogeusìa	sf	diminuzione del senso del gusto
ipotèca	sf	diritto reale di garanzia a favore di un creditore
ircismo	sm	eccessiva traspirazione del cavo ascellare con odore tipico delle capre

irco	sm	capro, becco, maschio della capra
irènico	agg	di pace, che promuove la pace
irenismo	sm	orientamento teologico tendente all'unione delle diverse confessioni cristiane
irredentismo	sm	movimento politico-culturale di esaltazione o difesa dei valori nazionali
irrefragàbile	agg	che non ammette possibilità di confutazione o opposizione
irrelato	agg	privo di connessione o relazione Es: rima irrelata dicesi di parola che non fa rima
irremissìbile	agg	che non può essere perdonato
irreprensìbile	agg	a cui non si può muovere il minimo biasimo
irrevocàbile	agg	che non può essere modificato, annullato o disdetto
irriducìbile	agg	che non può essere rimpicciolito; fermo, saldo, che non si lascia piegare
irriverènte	agg	mancante di rispetto
iscurìa	sf	difficoltà ad orinare
isòbaro	agg	in termodinamica trasformazione a pressione costante; in meteorologia linea di punti alla stessa pressione atmosferica
isoipsa	sf	linea di punti situati alla stessa altitudine
isterectomìa	sf	asportazione chirurgica dell'utero

| Istologìa | sf | in biologia studio della struttura degli organi |
| Ittiologia | sf | parte della zoologia che studia i pesci |

LETTERA L

làbaro	sm	vessillo con asta traversa e drappo quadrato
labe	sf	macchia, sozzura
làbile	agg	fugace, effimero, caduco
lacchè	sm	servo, domestico; persona di animo basso e servile
lacèrto	sm	muscolo del braccio
lacònico	agg	estremamente conciso, breve
lager	sm ted	campo; campo di concentramento e sterminio nazista
lagna	sf	lamento insistente e noioso
làico	sm/agg	non appartenente al clero; culturalmente autonomo da qualsiasi dogmatismo religioso o politico
làido	agg	sporco, sozzo, ripugnante

lalopatìa	sf	disturbo dell'articolazione del linguaggio di origine nervosa, organica o funzionale
lamantìno	sm	tricheco, mammifero dal corpo e dalla testa grossa e coda piatta
lamé	sm	tessuto di seta o di lana recante nella trama sottili fili dorati
làmia	sf	strega, megera; fata, ninfa
lampante	agg	splendente, rilucente; di una evidenza assoluta; olio lampante = olio usato per le lampade
lampara	sf	grossa lampada ad acetilene o elettrica usata per la pesca notturna
lancinante	agg	di dolore fisico acuto, con forti trafitture
landa	sf	terreno incolto delle zone fredde; distesa aperta e pianeggiante
lànguido	agg	privo di forze, debole, stanco, esausto; melanconico, pensoso
lanolina	sf	grasso di lana purificato usato in cosmesi
lapidàrio	sm/agg	relativo alle iscrizioni su pietra o marmo; grave e conciso
làpide	sf	pietra sepolcrale incisa con iscrizione o figura
laringoiatra	sm	medico specialista delle malattie della laringe
lascìvia	sf	intemperante sensualità, anche con compiacimento
lasco	agg	largo, allentato; lento; nel linguaggio marinaro dicesi di cavo non stretto

làser	sm	radiazione con fasci di luce concentrati
lasso	agg	stanco, affaticato; misero, infelice
latèbra	sf	nascondiglio, recesso segreto
laticlàvio	sm	tunica dei senatori romani con larga striscia di porpora
latifóndo	sm	grande estensione di terreno incolta o coltivata estensivamente
latore	sm	colui che ha l'incarico di un recapito
latrìa	sf	servitù, culto; nella religione cattolica culto riservato a Dio ed alla Santissima Trinità
làudano	sm	preparato a base di oppio, usato come antispastico ed antidolorifico
lavacro	sm	recipiente o luogo dove bagnarsi; corso d'acqua; purificazione
lazze(a)rétto	sm	ospedale per l'isolamento dei malati incurabili o affetti da malattie contagiose
lazzo	sm/agg	di sapore aspro, agro; atto buffonesco, tipico della commedia dell'arte (Dario Fo)
leardo	agg	di cavallo con pelame a chiazze bianche e nere
leasing	s ing	finanziamento a medio termine per l'acquisto di un bene, riscattabile alla scadenza
lebète	sm	grande recipiente di bronzo o terracotta per l'acqua o i cibi nell'antica Roma
legato	sm	ambasciatore della Santa Sede; disposizione testamentaria a favore di persona diversa dall'erede

leggiadrìa	sf	grazia, bellezza, eleganza
lèmma	sm	proposizione, data per certa, preposta alla dimostrazione di una tesi
lenóne	sm	mezzano, ruffiano, magnaccia
lèpido	agg	piacevolmente arguto e spiritoso
lepidòttero	sm	appartenente ad una famiglia di insetti tipo le farfalle
leptofonìa	sf	in medicina debolezza della voce per lesione delle corde vocali
leptospiròsi	sf	malattia infettiva derivante dai topi
lesèna	sf	risalto verticale di una parete con funzione decorativa o di rinforzo
lésina	sf	grosso ago ricurvo usato dal calzolaio per la cucitura
lessèma	sm	in linguistica unità o radice; Es: l'infinito per i verbi, il singolare maschile per gli aggettivi
lèssico	sm	raccolta di parole, dizionario
lèstra	sf	radura disboscata per il pascolo invernale delle greggi; capanna adibita a ricovero temporaneo di pastori o agricoltori durante l'emigrazione; ricovero diurno del cinghiale
levità	sf	leggerezza
lezióso	agg	di persona che si muove e si comporta in modo affettato e svenevole

liberale	sm/agg	che professa principi di libertà e generosità d'animo; largo nello spendere, generoso
liberalismo	sm	dottrina che professa i principi di libertà e di rispetto del cittadino
liberismo	sm	sistema economico che si basa sulla libertà di mercato (individualismo economico)
licàntropo	sm	uomo lupo, lupo mannaro
licènza	sf	permesso, facoltà di fare qualcosa; compimento di un coro di studi; libertà, arbitrio
licitaziòne	sf	gara fra i partecipanti all'incanto; gara di partecipazione ad appalti pubblici; nel gioco del bridge dichiarazione di punteggio e di seme fra i giocatori ai fini del contratto
lignàggio	sm	stirpe, discendenza
lìmine	sm	soglia, limitare
limìtrofo	agg	confinante, finitimo
linciàggio	sm	esecuzione sommaria di privati cittadini; l'accanirsi dell'opinione pubblica contro qualcuno
linfosarcòma	sm	gruppo di tumori maligni del sistema linfatico
linòleum	sm	materiale di rivestimento, soprattutto per pavimenti, costituito da vari materiali pressati su tela
lippa	sf	gioco consistente nel far saltare un legnetto e colpirlo al volo

lìrica	sf	antica poesia greca accompagnata dal suono della lira; breve componimento per canto e pianoforte; poesia esprimente la soggettività ed intimità del poeta
litania	sf	nella liturgia cattolica preghiera, invocazione a Dio, santi, etc; filastrocca, lamentela insistente
litologìa	sf	scienza che studia la composizione delle rocce
litosfèra	sf	l'involucro solido più esterno della terra, la crosta terrestre
litóte	sf	formulazione attenuata consistente nella negazione del contrario ES: notizia non buona
litografìa	sf	procedimento di riproduzione a stampa diretta di disegni o scritti
litotripsìa	sf	frantumazione di calcoli per via endoscopica
lìtuo	sm	antica tromba romana allargata in fondo dal suono acuto
liturgìa	sf	complesso delle cerimonie di un culto
locuzione	sf	in linguistica, gruppo di parole di non completezza formale. Es: da capo a piedi, ubriaco fradicio, per quanto; modo di dire, espressione caratteristica di un autore, frase idiomatica
loffio	agg	di nessun interesse o attrattiva, fiacco, insulso
lògica	sf	parte della filosofia che studia le funzioni della struttura e dell'attività del pensiero
logorrèa	sf	loquacità eccessiva, verbosità irrefrenabile

lòia	sf	quantità repellente di sudiciume sulla pelle e sugli abiti, specialmente intorno al collo
longèvo	agg	che vive a lungo, oltre la vita media
lordòsi	sf	curvatura della colonna vertebrale in senso antero-posteriore con concavità posteriore
lorica	sf	corazza degli antichi legionari romani
losco	agg	persona che ci vede poco, miope; di dubbia onestà
lùbrico	agg	sdrucciolevole, che fa scivolare; che offende il comune senso del pudore
lucro	sm	guadagno illecito
ludìbrio	sm	scherno, derisione grave e oltraggiosa
ludro	sm	persona ingorda, mangione
lùmen	sm	unità di misura del flusso luminoso
lunàtico	agg	volubile, incostante, scontroso
lungi	avv	lontano, discosto
lupanare	sm	postribolo, casa di tolleranza; ambiente immorale, luogo corrotto
lùpus	sm	tipo di dermatosi con ulcerazioni cutanee
lusinga	sf	motivo di allettamento con finte attenzioni, espressioni adulatorie

lusinghièro	agg	di cosa che alletta, che cerca di attrarre o che induce a sperare
lussùria	sf	eccessiva lascivia, desiderio violento, ossessivo, non controllato
lustrale	agg	purificatore (ad es: l'acqua benedetta nel culto cristiano); cerimonia, avvenimento ricorrente ogni cinque anni
lùteo	agg	di color giallo
lux	sm	unità di misura di illuminamento di una superficie pari ad un lumen su metro quadrato

LETTERA M

macchinare	vtr	ordire, tramare, preparare a danno di qualcuno
macrocefalìa	sf	abnorme sviluppo del cranio
màcula	sf	macchia, anche in senso morale
màdia	sf	mobile rustico con capace cassa rettangolare e coperchio ribaltabile usato in antico per fare il pane
màdido	agg	vistosamente bagnato, sudato
madornale	agg	spropositato

madrina	sf	donna che tiene a battesimo o a cresima un fanciullo; si dice anche per il varo di una nave
maestrale	sm	il vento di maestro che spira da nord-ovest
maggèse	sm	terreno agrario tenuto a riposo
magnàccia	sm	colui che sfrutta e vive sulle prostitute
magnate	sm	persona di grande potere economico, industriale
magnànimo	agg	di persona di grande animo, nobile e generoso
magnificènza	sf	grandezza nell'operare e nel sentire; opera magnifica, generosa
mahatma	agg	in India titolo dato a persone di grande rispetto; appellativo di M.K. Gandhi
maièutica	sf	metodo dialogico tipico di Socrate per aiutare i discepoli a trovare la verità da soli
malacca	sf	nome commerciale di legno di canna d'India usato per manico di bastoni o ombrelli
malaféde	sf	comportamento di chi agisce con inganno consapevolmente
maldèstro	agg	inesperto, incapace, non abile
malleabile	agg	proprietà di un materiale alla deformazione; docile, che si piega facilmente alla volontà altrui
mallevadòre	sm	colui che garantisce per un'obbligazione di altra persona

malversazióne	sf	distrazione di beni o denaro da chi amministra la cosa pubblica
manager	s ing	amministratore o dirigente responsabile di un'impresa o azienda
manaróse	sm	roncola rustica a doppio taglio
mandaménto	sm	ambito territoriale di giurisdizione del pretore
mandarìno	sm	alto funzionario civile o militare della Cina imperiale
mandrìno	sm	attrezzo della macchina operatrice con la funzione di sostenere il pezzo o l'utensile
màngano	sm	antica macchina per lanciare grosse pietre; apparecchio tessile per la stiratura
manicheismo	sm	dottrina religiosa fondata sulla contrapposizione fra il bene ed il male
manna	sf	sostanza piovuta dal cielo per cibare gli ebrei; cosa squisita; circostanza favorevole
mansione	sf	ufficio, compito esplicato; stazione di tappa lungo le strade romane
mantecare	vtr	lavorare sostanze grasse in modo da ottenere un composto morbido e pastoso
màntice	sm	apparecchio atto a produrre un soffio d'aria; nelle carrozze tela di protezione con la proprietà di potersi alzare o abbassare secondo le necessità
manutèngolo	sm	chi collabora ad azioni delittuose senza prendervi direttamente parte
manutenzióne	sf	operazione che consente la piena efficienza di una cosa, una macchina, un apparecchio

maramèo	int	Parola scherzosa di presa in giro accompagnata dal pollice sul naso e chiusura delle altre dita, cominciando dal mignolo, a pugno
marcatura	sf	marcatura di un contrassegno di proprietà; realizzazione di punti di una squadra
marchiano	agg	madornale, grossolano
mareggiata	sf	intenso moto ondoso con sbattimento violento delle onde sulla spiaggia
mari-òlo/uòlo	sm	furfante, imbroglione, truffatore; anche birbante, soprattutto riferito a ragazzi
marna	sf	roccia costituita da materiale calcareo e argilloso, usata per la malta cementizia
maschilista	sm	chi sostiene la superiorità dell'uomo sulla donna
masserizia	sf	suppellettili di una casa modesta
matèrico	agg	nell'arte ciò che si riferisce alla materia e al materiale come funzione espressiva
matronèo	sm	loggiato interno delle basiliche paleocristiane riservato alle donne
mattana	sf	sfogo improvviso d'ira o d'allegria
mattanza	sf	uccisione cruenta dei tonni
meandro	sm	intrico, tortuosità, andamento serpeggiante
meato	sm	via, passaggio; in anatomia orifizio che mette in comunicazione la cavità d'un organo con l'esterno

mecenate	sm	protettore di studiosi e artisti
mecònio	sm	sostanza viscosa all'interno del feto che viene espulsa nel giro di pochi giorni
mediastìno	sm	spazio mediano della cavità toracica
mefisto	sm	berretto di lana a tre punte usato per lo più da sciatori; calzamaglia dei pattinatori
mefìtico	agg	che ha odore fetido, malsano, irrespirabile
mehari	sm	dromedario da sella
melanina	sf	pigmento nero o bruno delle cellule dell'epidermide
melòmane	sm/f	amante della musica
melanòma	sm	tumore della pelle
melopèa	sf	canto, melodia
menabò	sm	modello di stampa, bozze di stampa ritagliate
mènage	sm fr	andamento della vita domestica; rapporto di convivenza a tre
méncio	agg	floscio, vizzo, cascante
mènda	sf	difetto non grave; risarcimento di un danno, indennità
mendace	agg	falso, bugiardo
menhir	sm	monumento preistorico costituito da una grossa pietra infissa verticalmente nel

suolo

meninge	sf	ciascuna delle membrane ricoprenti l'encefalo ed il midollo spinale
ménno	agg	privo di potenza virile, fiacco, rammollito
mèntore	sm	consigliere saggio e fidato
mèro	agg	puro, schietto
mesata	sf	denaro per la paga di un mese
mesentère	sm	ciascuna delle ampie ripiegature del peritoneo che congiunge l'intestino e gli altri organi interni alla parete addominale
mesocàrp(i)o	sm	la parte mediana della parete del frutto
mesone	sm	in fisica, particelle di massa intermedia, fra l'elettrone ed il protone
mesoterapìa	sf	medicamento per infusione sottocutanea
messianìco	agg	che si riferisce al Messia; che ha speranza in un rinnovamento dell'umanità
mestatóre	sm	maneggione interessato, intrigante
mèstruo	sm/agg	perdita di sangue dell'apparato genitale femminile; mensile
metafisica	sf	teoria filosofica definita come teoria dell'ente in quanto ente, conoscenza assoluta della realtà

metafonèsi	sf	alterazione di un vocale sotto l'influenza di una vocale seguente
metafora	sf	sostituzione di un termine proprio con altro figurato Es: l'ondeggiare delle spighe, il ruggire dei motori
metàtesi	sf	trasposizione di fonemi all'interno di una parola. ES: fracido e fradicio
meteorismo	sm	sollevamento, gonfiore; eccessivo contenuto di gas nel tubo gastroenterico
metempsicòsi	sf	reincarnazione delle anime
metìccio	sm	individuo di sangue misto ovvero con genitori di razze diverse
metòdico	agg	che segue pedissequamente una determinata procedura
metodismo	sm	pratica religiosa cristiana di assoluto rigorismo morale
metonìmia	sf	figura retorica che consiste nell'usare il nome della causa per quello dell'effetto ES: bere un Chianti; non tradire la bandiera; eludere la sorveglianza
mètopa	sf	nella trabeazione degli edifici dorici la porzione di muro sopra l'epistilio, dipinta o scolpita
metrònomo	sm	strumento per battere il tempo della musica
metropolitàno	agg	che appartiene alla madrepatria; appartenente ad una grande città
mezzadrìa	sf	contratto di lavoro agrario fra il proprietario ed il contadino con iniqua spartizione degli utili

micologìa	sf	studio botanico dei funghi
midollo	sm	sostanza amorfa e molle all'interno delle ossa lunghe preposta alla formazione del sangue
mielòsi	sf	affezione del midollo osseo
mignatta	sf	sanguisuga; usuraio, strozzino
mignon	agg fr	di piccole dimensioni
miliziano	sm	appartenente ad un corpo armato; nella guerra civile spagnola combattente nelle file repubblicane
mimèsi	sf	imitazione
mìmica	sf	espressione comunicativa del linguaggio attraverso gesti
mioma	sm	tumore benigno del tessuto muscolare
misògino	agg	persona che prova avversione per le donne
misoneismo	sm	avversione verso ogni novità
missàggio	sm	nella tecnica cinematografica registrazione di suoni o musica su di un'unica colonna sonora
mistificaziòne	sf	alterazione della verità e della realtà dei fatti
mistura	sf	mescolanza di cose o sostanze diverse

mito	sm	credenza leggendaria di fatti o figure
mitomanìa	sf	tendenza ad accettare come realtà i prodotti della propria fantasia
mnèsico	agg	riguardante la memoria
mòdico	agg	moderato, limitato, non eccessivo
mòggio	sm	antica unità di misura per granaglie
mogio	agg	privo di vivacità
moina	sf	modo di atteggiarsi lezioso ed affettato per conquistare simpatia o affetto
molènda	sf	compenso dovuto per la macinatura del grano o per la frangitura delle olive
mònade	sf	ciò che è uno, semplice, indivisibile
monatto	sm	colui che è addetto al trasporto dei malati e dei cadaveri nelle epidemie
mongolòide	agg	anomalia congenita di grave insufficienza mentale
mònito	sm	richiamo al dovere e alle proprie responsabilità
monocito	sm	in biologia leucocito ovvero globulo bianco del sangue
monogamìa	sf	unione matrimoniale di un solo uomo con una sola donna
monotype	s ing	macchina per la composizione grafica che fonde e compone un carattere alla volta a differenza della linotype per la quale si possono comporre intere righe e diversi

simboli

mòra	sf	nel linguaggio giuridico ritardo ingiustificato nell'adempimento di un dovere
mòrbo	sm	malattia
mòrchia	sf	residuo delle olive dopo la spremitura e chiarificazione
mordace	agg	pronto a mordere; di persona critica, sferzante
morèllo	agg	di color nero o tendente al nero
morfema	sf	in linguistica, elemento formale che definisce la categoria grammaticale e la funzione sintattica
morfologia	sf	studio delle parti di un discorso (nome, verbo, etc.); nelle scienze biologiche si identifica nello studio degli organismi viventi; in geografia nello studio delle rocce e della conformazione esterna della Terra; in mineralogia nello studio della struttura dei cristalli
morganàtico	agg	dicesi di matrimonio regale o nobiliare di seconde nozze con donna alla quale veniva data una donazione con l'impegno di lei ed i relativi figli a nulla avere nella successione del padre
mòrra	sf	antico gioco d'azzardo fra due persone fatto con l'apertura e/o chiusura delle singole dita
móscio	agg	privo di vigoria, di energia

mossière	sm	chi dà le mosse, chi dà il via, la partenza
mostrina	sf	distintivo di varie forme e colori applicato al colletto o sulle spalline per distinguere l'appartenenza a determinati corpi civili o militari
mòzzo	sm	garzone; parte centrale di una puleggia o di una ruota accoppiantesi con l'albero
mózzo	agg	tronco, reciso; incompiuto, incompleto
muezzìn	sm	persona addetta alla moschea che dall'alto del minareto chiama i fedeli alla preghiera
mucillàgine	sf	sostanza organica presente nelle piante con la capacità di assorbire e trattenere l'acqua, per impedire il disseccamento della pianta; qualsiasi sostanza vischiosa
mùffola	sf	nello sport guanto a sacco con il solo pollice indipendente; camera refrattaria nei forni
mugo	sm	piccolo pino da cui si estrae un olio essenziale balsamico, il mugolio
mulatto	sm	figlio di un genitore bianco e di uno nero
mullah	sm	cultore di teologia islamica
multìgrade	agg ing	di olio lubrificante per motori adatto a tutte le temperature
multìpara	sf/agg	di donna che ha avuto parecchi parti o una gravidanza multipla
munificènza	sf	liberale generosità

murale	sm	eseguito, dipinto sui muri; il pl. Murales: scene dipinte su grandi muri o facciate
mustàcchi	sm pl	baffi lunghi e folti
mùtria	sf	espressione del volto accigliata per malumore o alterigia

LETTERA N

nababbo	sm	alto funzionario dell'India mussulmana; persona di grandi ricchezze e di lusso smodato
naftalina	sf	idrocarburo aromatico ottenuto dalla distillazione del catrame di carbon fossile, usato come antitarmico
nàpalm	sm	massa gassosa semi solida usata per bombe incendiarie o lanciafiamme
nappa	sf	mazzetto di fili di tessuto legato ad un'estremità di un cordone
nappo	sm	tazza, vaso per bere o per abluzione nelle chiese; recipiente di latta per attingere olio dall'orcio
narcòsi	sf	anestesia generale
nartèce	sm	parte della basilica paleocristiana riservata ai catecumeni ed ai penitenti

nassa	sf	sorta di gabbia in giunco o altro materiale per la cattura di pesci di scoglio o di fondo
natta	sf	cisti sebacea del cuoio capelluto
necrofilìa	sf	deviazione sessuale che presenta attrazione verso i cadaveri
necrofobìa	sf	orrore eccessivo verso i cadaveri
necròforo	sm	becchino, colui che porta via i morti
necròlogio	sm	annunzio funebre su giornali o riviste
nefrectomìa	sf	asportazione chirurgica del rene
neglisé	sm fr	vestaglia femminile da camera
neghittoso	agg	che rifugge dal minimo impegno, ozioso, indolente
negrièro	sm	colui che si dedica alla tratta degli schiavi
negromanzìa	sf	arte della divinazione attraverso l'evocazione dei defunti
nèmesi	sf	personificazione della giustizia; atto di giustizia compensativo
neòfita	sm	nella liturgia cristiana colui che è stato appena battezzato; colui che è divenuto seguace di una dottrina
neoformazióne	sf	formazione patologica di nuovi tessuti, tessuto iperplastico, tumore
neologismo	sm	parola o locuzione nuova introdotta nella lingua

neoplasìa	sf	in medicina tumore, neoformazione con proliferazione anomala di cellule
nepotismo	sm	favoritismo dei papi verso i propri familiari; o in generale di persone autorevoli verso amici o parenti
nequizia	sf	malvagità, iniquità
nervino	agg	che produce effetti sul sistema nervoso; ES: gas nervino, arma chimica che porta rapidamente alla morte
nèsso	sm	connessione, legame, relazione
neuròne	sm	termine indicante la cellula nervosa
neutrino	sm	particella subatomica priva di carica elettrica
nèvrosi	sf	condizione di sofferenza del sistema nervoso
new deal	loc ing	programma di politica economica di Roosevelt poi fatto decadere dalla Corte Suprema negli USA
new look	loc ing	moda nuova; variazione nel comportamento e nel costume
nicchio	sm	conchiglia univalve dei molluschi; lucerna ad olio con tre becchi
nichilismo	sm	si indica col termine l'inarrestabile decadenza della cultura occidentale greco-cristiana e distruzione dei valori tradizionali (Nietzsche)
nicolaismo	sm	tendenza contraria al celibato ecclesiastico

nife	sm	nucleo centrale della terra composto da nichel e ferro
nimbo	sm	luce intensa e circoscritta, quale disco luminoso posto sulla testa dei santi o delle divinità
ninfèa	sf	pianta acquatica galleggiante
ninfomanìa	sf	morbosa eccitazione sessuale della donna
nirvana	sm	stato ascetico di puro godimento dello spirito, di serena beatitudine
nitore	sm	luminosa chiarezza, nitidezza
nocchièr-e/o	sm	colui che conduce una nave; condottiero, duce
nocuménto	sm	azione del nuocere, danno
noméa	sf	fama, di solito si usa in senso deteriore
nomenclatura	sf	complesso sistematico dei termini relativi ad una determinata scienza o disciplina
nònio	sm	regolo graduato applicato a strumenti di precisione per diametri, lunghezze, etc.
norcino	sm	chi macella maiali e ne lavora le carni
nòria	sf	macchina costituita da tazza per il sollevamento di acque o materiali incoerenti
nosografìa	sf	nel linguaggio medico studio puramente descrittivo delle malattie
notàbile	sm	degno di nota, importante, interessante; di persona che si distingue per doti

particolari

notificare	v tr	portare a conoscenza
notòrio	agg	di fatto o condizione praticamente nota
noùmeno	sm	ciò che è concepito dall'intelletto
nouvelle cousine	f fr	nuova cucina, di origine francese, molto leggera
nouvelle vague	f fr	nuova tendenza, nuova moda, nuovo indirizzo sia nel cinema che nell'arte in genere
novìzio	sm/agg	chi si prepara ad entrare in un ordine o congregazione, chi è avviato da poco ad una professione
nozionismo	sm	conoscenza non approfondita di cose ma rivolta solo alla quantità
number one	loc ingl	numero uno, il migliore
numismàtica	sf	scienza che studia e classifica le monete
nunziatura	sf	rappresentanza permanente della Santa Sede in una capitale estera; durata in carica del nunzio apostolico; messaggero, ambasciatore
nuraghe	sm	tipo di costruzione preistorica sarda a torre tronco-conica
nuraghe	sm	tipo di costruzione preistorica sarda a torre tronco-conica
nurse	sf ing	bambinaia, governante; infermiera

nursing	s ing.	assistenza infermieristica
nutazióne	sf	oscillazione, spostamento, es. quello della trottola o dell'asse di rotazione terrestre
nùtria	sf	roditore che si trova tendenzialmente in vicinanza di corsi d'acqua; la pelliccia è il castorino

LETTERA O

obbrobrióso	agg	vergognoso, infame, orribile; offensivo, ingiurioso
oberato	agg	sovraccarico di lavoro o di impegni; carico di debiti
obiettóre	sm	chi muove obiezioni; colui che rifiuta per motivi morali o religiosi ad adempiere al servizio militare
oblazione	sf	offerta devota per opere di pietà o di beneficenza; pagamento in denaro per l'estinzione di un reato
obliterare	vtr	cancellare, rendere illeggibile; con riferimento ai francobolli invalidarli; cancellare dalla memoria
obnubilare	vtr	coprire di nubi; in medicina o in letteratura annebbiare, offuscare (la vista, i sensi)
occaso	sm	tramonto; declino, morte
occhieggiare	vtr/intr	guardare di tanto in tanto; rivolgere sguardi d'ammirazione; apparire qua e là

obsolescènza	sf	invecchiamento; perdita di efficienza o di valore economico
occlùdere	vtr	chiudere, ostruire un condotto
ocèllo	sm	occhio semplice di insetti; macchie rotondeggianti colorate sulla pelle di animali
oculatézza	sf	avvedutezza, prudenza nell'agire
odinofagìa	sf	deglutizione faticosa
odonomàstica	sf	complesso dei nomi delle strade
odontalgìa	sf	dolore dei denti e/o degli annessi dentali
òffa	sf	piccola focaccia di farro degli antichi romani; compenso dato per protezione, complicità, etc.
offset	s ing	procedimento di stampa indiretto
offshore	loc ingl	di alto mare; nell'industria petrolifera perforazione in acqua per la ricerca di idrocarburi
òfide	sm	serpente
oftalmìa	sf	processo infiammatorio dell'occhio e o degli annessi
oìdio	sm	fungo che attacca le foglie ed i tralci della vite
oleografia	sf	procedimento di stampa per la riproduzione di dipinti ad olio; dipinto ad olio di scarso valore

olézzo	sm	profumo, fragranza
olifante	sm	corno da caccia ricavato da zanne d'elefante
oligocitemìa	sf	diminuzione del numero di globuli rossi nel sangue
oligofrenìa	sf	in psichiatria stato di deficienza mentale della prima infanzia
oligarchìa	sf	governo di pochi
oligominerale	agg	di acqua minerale con residuo fisso di sostanze minerali inferiore a 200 mg/litro
òlla	sf	pentola di terracotta
olofràstico	agg	di elemento linguistico che da solo corrisponde ad un'intera frase Es. sì, no, certo, affatto, etc.
ològrafo	agg	di testamento scritto di proprio pugno dal testatore
olóna	sf	tessuto di cotone molto resistente per vele e tendoni
oltranza	sf	esagerazione, eccesso; nella locuzione "ad oltranza" significa fino alla fine
oltranzista	agg	colui che in politica presenta posizioni intransigenti, radicali, estremiste
omelìa	sf	nella liturgia cattolica esposizione e commento di passi del Vangelo durante la messa
omeopatìa	sf	teoria medica che sostiene la cura di somministrazioni infinitesimali di farmaci
omeòsi	sf	somiglianza, assimilazione

omissis	lat.	formula che indica l'omissione in un testo di parole o fasi non ritenute pertinenti
òmnium	sm	ne linguaggio sportivo gara a cui partecipano atleti di varie categorie
omocromìa	sf	in biologia mimetismo di un organismo consistente nell'assumere la colorazione dell'ambiente
omofagìa	sf	uso di mangiare carne cruda
omòfono	agg	che presenta lo stesso suono ma significato diverso Es: fiera come belva o come convegno abituale
onanismo	sm	masturbazione
oncògeno	agg	tumorale
oncologìa	sf	studio dei tumori
ondina	sf	giovinetta dedita al nuoto
one-step	Loc ing	danza di origine statunitense in ritmo binario
onicòsi	sf	malattia delle unghie
onicofagìa	sf	abitudine di rosicchiarsi le unghie
oniomanìa	sf	in medicina impulso morboso a comprare quasiasi cosa
onirìco	agg	che riguarda il sogno
onomanzìa	sf	pretesa arte di predire il futuro

onomatopèa	sf	in linguistica, fenomeno che dà alle parole il suggerimento acustico dell'oggetto o dell'azione ES: chicchirichì, din don dan, tentennare, bisbigliare
onorabilità	sf	integrità sul piano individuale o sociale,
onorificènza	sf	pubblico riconoscimento per meriti ES: ordine cavalleresco, ordine al merito della Repubblica
ontogènesi	sf	in biologia intero processo di sviluppo di un organismo
ontologìa	sf	scienza dell'essere, della realtà, dell'oggetto in sé
onusto	agg	carico
opalino	agg	di color giallo-azzurrino o grigio-perla
opimo	agg	grasso, pingue
opistòdomo	sm	parte posteriore di un tempio nell'antica Grecia, opposto a pronao
oplite	sm	nell'antica Grecia fante con armatura pesante
opportunista	sm	colui che si comporta per tornaconto personale, senza ideali
oppugnare	vtr	controbattere con validi argomenti, confutare
opulento	agg	abbondante, ricco, copioso
oràcolo	sm	nei popoli antichi responso fornito dalle divinità; opinione non discutibile

orbace	sm	tessuto di lana resistente ed impermeabile del popolo sardo; divisa nera fascista
orbe	sm	circonferenza, cerchio, sfera; il mondo, l'universo
ordàlia	sf	giudizio di Dio ovvero prova rischiosa per l'innocenza o colpevolezza dell'imputato
ordito	sm	in tessitura l'insieme dei fili che costituiscono la parte longitudinale del tessuto
orézzo	sm	ombra o brezza gradevole
orgànico	sm	che ha rapporto con gli organismi viventi; che riguarda la struttura interna; che è pertinente ai quadri di un'amministrazione; che appartiene all'organizzazione
orgiàstico	agg	relativo alle orge
orgóglio	sm	stima eccessiva di sé; giustificata fierezza
oricalco	sm	lega di rame e zinco usata per le monete di Augusto, simile all'ottone
origàmi	s giap	tecnica di costruzione di figure mediante piegature di fogli di carta
ornitòsi	sf	malattia infettiva che colpisce gli uccelli e che può essere trasmessa all'uomo
orogènesi	sf	in geologia insieme dei processi che portarono alla formazione delle montagne
orpèllo	sm	falsa apparenza, esteriorità; ornamento vistoso

orrezione	sf	nel linguaggio giuridico o canonico falsa dichiarazione
ortodossìa	sf	conformità ad una certa religione o chiesa di cui si accetta integralmente la dottrina
orzaiòlo	sm	infiammazione suppurativa della palpebra dell'occhio
orzare	vtr	governare il veliero portando la prua contro il vento
oscurantismo	sm	opposizione sistematica allo sviluppo dell'istruzione, del progresso, all'evoluzione sociale
ossimòro	sm	accostamento di due parole in una locuzione di significato contrario. ES. corri piano
ostativo	agg	che costituisce impedimento
ostèllo	sm	alloggio, dimora ospitale; albergo per la gioventù
ostensòrio	sm	arredo sacro contenente le ostie
osteomielite	sf	processo infiammatorio del midollo osseo
osteoporosi	sf	rarefazione del calcio nelle ossa
ostetrìcia	sf	scienza che si occupa della fisiologia e patologia della gravidanza
òstro	sm	porpora; veste o stoffa tinta di porpora
otalgìa	sf	sensazione dolorosa riferita all''orecchio
otite	sf	infiammazione dell'orecchio

ottativo	agg	che esprime un desiderio
ottenebrare	vtr	velare di tenebre, offuscare, oscurare
ottùndere	vtr	smussare, togliere acutezza alla punta o al taglio di un'arma; offuscare, intorpidire
ottuso	agg	notevolmente limitato nelle capacità intellettive
outdoor	agg ingl	fuori porta, all'aperto, si dice soprattutto di gare o manifestazioni
ovàia	sf	gonade femminile ovvero ghiandola endocrina preposta alla riproduzione dell'essere umano
ovulaziòne	sf	rilascio dall'ovario delle uova pronte per la fecondazione

LETTERA P

pacato	agg	calmo, sereno, obiettivo
pàcchia	sf	condizione di vita o di lavoro facile e spensierata
pacchiano	agg	privo di buon gusto e di stile, grossolano
pacemaker	s ingl	apparecchio alimentato con batteria per la corretta pulsazione del cuore
pack	s ing	distesa di lastroni di ghiaccio galleggianti sul mare

padellòne	sm	lampada che emette una luce diffusa, usata in teatro o in riprese cinematografiche
padronato	sm	insieme dei datori di lavoro, categoria degli imprenditori
palafréno	sm	cavallo nobile dei cavalieri medioevali
palamito	sm	attrezzo da pesca con corda lunga fornita di piccole cordicelle con ami (= palangaro)
pagano	agg/sm	civile, non militare; non di religione cristiana
paladino	sm	ciascuno dei cavalieri del re Carlo Magno; difensore, sostenitore leale e disinteressato
palatino	agg	che è addetto o di pertinenza del palazzo
paleolitico	agg/sm	di periodo del primo sviluppo dell'umanità
palìndromo	sm	bifronte ovvero dicesi di parole lette in un senso o all'incontrario, Es: oro, anilina
palingènesi	sf	rinnovamento, rinascita, rigenerazione, trasformazione radicale; nel Nuovo Testamento il termine indica la rigenerazione dell'anima attraverso la fede
palinodia	sf	componimento poetico in cui si ritratta quanto detto precedentemente
palinsèsto	sm	manoscritto antico su papiro o pergamena; prospetto schematizzato delle trasmissioni radiofoniche o televisive; dipinto su cui sono stati sovrapposti strati successivi di pittura
paliòtto	sm	rivestimento della parte inferiore dell'altare

pàlio	sm	drappo prezioso dato come premio in una gara, la gara stessa, Es: il palio di Siena
pàllio	sm	mantello; nella liturgia cattolica fascia circolare di lana bianca usata dal papa e dai vescovi
palmarès	s fr.	elenco o classifica dei premiati in una gara, concorso; insieme dei successi riportati
palpitaziòne	sf	battito accelerato del cuore, emozione, forte commozione
paludato	agg	abbigliato in modo sontuoso
panacèa	sf	rimedio per tutti i mali
pancake	s am.	tipico dolce di origine americana dolce o salato; cipria solida data con spugna bagnata
pandemìa	sf	epidemia con tendenza a spargersi ovunque
panegìrico	sm/agg	discorso o scritto celebrativo; discorso celebrativo di un santo nel giorno della sua festa
panìa	sf	sostanza appiccicosa ottenuta dalle bacche di ginepro per catturare gli uccelli; inganno
pannéggio	sm	effetto d'insieme delle pieghe di una gonna o di un drappo
panòplia	sf	insieme di armi o di un'armatura disposte su parete come trofeo
pansé	sf	viola del pensiero
panteismo	sm	filosofia, secondo cui Dio è l'universo nella sua totalità

pànt(th)eon	sm	tempio dedicato a tutte le divinità; edificio contenente le tombe di uomini illustri
pantògrafo	sm	strumento formato da un parallelogramma di quattro aste che traccia una figura in scale diverse
papillòma	sm	tumore epiteliale benigno
pappardèlla	sf	tipo di lasagne cotte; discorso o scritto farraginoso, sconnesso
paracèntesi	sf	estrazione di liquido patologico da una cavità corporea
paracinèsi	sf	movimento di oggetti durante sedute metapsichiche
paracetamòlo	sm	in farmacia composto organico di sintesi con proprietà antidolorifiche e antipiretiche
paradigma	sf	schema della declinazione dei nomi o della coniugazione dei verbi
paradòsso	sm	che va contro l'opinione o la morale comune; fatto, comportamento, circostanza difficile da comprendere, da credere
paraf/ffare	vtr	munire un documento di una sigla (paraffo) per l'autenticazione dello stesso
parafasìa	sf	disturbo del linguaggio con trasposizione o inversione delle parole
parafrasare	vtr	esporre un testo con parole proprie in modo da chiarirne il significato
parafrenìa	sf	psicosi caratterizzata da allucinazioni con alterazione della personalità
paranòia	sf	psicosi caratterizzata da un delirio cronico di grandezza, gelosia, persecuzione

parasta	sf	pilastro con funzione portante incastrato nella parete
parènchima	sm	tessuto specifico di qualsiasi organo
parenterale	agg	somministrazione medicinale non per via gastrointestinale ma attraverso iniezioni, fleboclisi, etc
parèo	sm	rettangolo di stoffa di cotone avvolgente il corpo (tipico di Tahiti); costume femminile da spiaggia
pària	sm	in India persona appartenente alla classe più bassa, detto anche intoccabile
paritètico	agg	che si basa su un criterio di parità
parossismo	sm	acme di un processo morboso
paròtide	sf	ghiandola salivare
partigiano	sm	chi si schiera da una determinata parte; chi fa parte di formazioni irregolari armate contro l'invasore
patèna	sf	disco di metallo usato per coprire il calice ove si tengono le ostie
parterre	s fr	complesso ornamentale delle aiuole; settore della platea nei teatri con posti in piedi; parte più bassa delle gradinate di uno stadio; complesso dei posti a sedere attorno ad un ring
part-time	loc ing	a mezzo tempo ovvero occupazione con orario ridotto
party	s ing	ricevimento

parure	sf fr	insieme di due o più oggetti di ornamento complementari, Es. collana, anelli, orecchini
parvenu	sm fr	persona arricchitasi rapidamente ma con comportamenti non idonei alla nuova condizione sociale
parvo	agg	piccolo, scarso
pasodoble	loc sp	danza di origine sudamericana molto vivace in ritmo binario
passamanerìa	sf	assortimento di tessuti o intrecci usati per guarnizione di tende, cuscini, divani, etc.
passatèlli	sm pl	pasta per minestra in brodo fatta con farina, uova, parmigiano e noce moscata
pasturare	vtr	condurre al pascolo gli animali; dar da mangiare ai pesci
patètico	agg	che suscita malinconica commozione, eccessivamente sentimentale
pàthos	sm	insieme di passionalità, emozione, commozione estetica che suscita un'opera d'arte
patriarca	sm	capo di una grande famiglia di indiscussa autorità; titolo del più alto grado nell'episcopato
patristica	sf	studio storico e dottrinale dei Padri della chiesa
patur -ne (nie)	sf pl	malumore, irritazione sorda e stizzosa
pauperismo	sm	grave depressione economica e sociale interessante larghi strati della popolazione
pavése	sm	scudo messo a terra o nelle murate per difendere l'arciere; sfilza di bandierine o lampadine disposte in segno di festa (ad

esempio sulle navi)

pazienza	sf	disposizione dell'animo alla sopportazione, capacità di contenere l'irritazione, atteggiamento tranquillo;
peana	sm	canto di guerra e di vittoria
peculato	sm	appropriazione indebita
pedante	sm/agg	persona presuntuosa, di cultura limitata, di eccessiva pignoleria in tutte le sue cose
pedèstre	agg	privo di originalità o di novità
pèdice	sm	piccolo numero, lettera o altro segno aggiunto con carattere più piccolo ad altra lettera
pedigree	s ing	albero genealogico di un animale domestico
pedofilìa	sf	attrazione erotica verso i fanciulli
pedule	sm	parte della calza che ricopre la pianta del piede fino alla punta; calzature alpinistiche
pellagra	sf	malattia derivante da carenza di vitamina PP
pellet	s ing	prodotto agglomerato a forma di granuli ricavato sopratutto da polveri per alimentazione o altri usi
peluche	sf fr.	stoffa caratterizzata da pelo folto e morbido, usata soprattutto per fabbricare pupazzi
pèlvi	sf	sinonimo di bacino

pendant	sm fr	riscontro, corrispondenza, riferito a cose che a coppia si corrispondono armonicamente
pentacolo	sm	stella a cinque punte inserita in un cerchio; si dice anche di qualsiasi gioiello pendulo
pentatèuco	sm	prima parte dell'Antico Testamento contenente i cinque libri: Genesi, Esodo, Levitico, Numeri e Deuteronomio
pèplo	sm	abito nazionale delle donne greche antiche consistente in un rettangolo di stoffa di lana fermato sulle spalle
pèptico	agg	che si riferisce alla digestione, digestivo
perestròjca	sf	insieme delle riforme politico-economiche volute dal segretario del P.C.R. Michail Gorbačëv a partire dal 1985
pèrgamo	sm	o pulpito, sorta di balcone appoggiato alla parete o ad una colonna da cui predica il sacerdote
periànzio	sm	involucro del fiore composto da calice e corolla
perinèo	sm	insieme dei tessuti molli che chiudono la parte inferiore del bacino
peripatetica	sf	donna che batte il marciapiede, prostituta
peripatetico	sm/agg	seguace della dottrina di Aristotele
peristalsi	sf	contrazione muscolare involontaria che aiuta il transito intestinale
peristìlio	sm	cortile interno alle case greche e romane circondato da porticati; portico a colonne all'esterno di un edificio

perspicuo	agg	chiaro, evidente
pertinace	agg	che ha tenacia, costanza, ostinato
pervasivo	agg	che tende a diffondersi in modo penetrante sulle cose o sull'animo
pervicace	agg	chi ha una cieca accanita ostinazione
pèrvio	agg	praticabile, accessibile; in medicina si dice di organi che consentono il passaggio di liquidi o solidi
pescàia	sf	sbarramento di un fiume per la pesca; chiusa eseguita per deviare parte della corrente dell'acqua
pettorina	sf	pezzo di stoffa atto a ricoprire il seno sotto il busto
piaggiare	vtr/intr	adulare, lusingare
pianèta	sf	sopravveste liturgica indossata dal sacerdote durante la messa
pianificare	v tr.	regolare, progettare, organizzare
pìceo	agg	che ha il colore e la lucentezza della pece
picnic	sm	colazione, merenda all'aperto
pielonefrite	sf	malattia del rene caratterizzata da infiammazione causata da batteri
pigíone	sf	locazione, affitto di beni immobili; canone locativo
pignolo	agg	pedante, meticoloso, esigente al massimo sia nei suoi che nei riguardi degli altri

pillàcchera	sf	schizzo o macchia di fango
pillo	sm	mazza con due manici che, alzata e abbassata con forza, costipa il terreno o una massicciata
pilòro	sm	in anatomia l'orifizio che mette in comunicazione lo stomaco col duodeno
pinzòchero	agg	bacchettone, bigotto
piòta	sf	zolla erbosa prelevata da un prato per essere trapiantata altrove
pistillo	sm	in botanica apparato centrale del fiore
pistolòtto	sm	brano conclusivo di un discorso enfatico; in teatro pezzo volto a provocare applausi
plàgio	sm	falsa attribuzione a sé di opere di altri; reato per cui un individuo sottopone altri al proprio volere
play-off	loc ing	partita di spareggio
pleonasmo	sm	espressione con una o più parole grammaticalmente non necessarie. ES: e a me che me ne importa?
plètora	sf	sovrabbondanza
plinto	sm	struttura architettonica che abbia la funzione di basamento o di sostegno
plissettato	agg	pieghettato, ES: gonna plissettata
plutocrazia	sf	si indica il predominio nella vita politica di potenti gruppi finanzieri o industriali

pneumotorace	sm	presenza di aria nella cavità pleurica
pocket book	loc ing	libro economico di formato tascabile
poiètico	agg	che produce, che crea
polèmico	agg	colui che fa intransigente opposizione, provocatore
polèna	sf	ornamento scultorio prodiero di un veliero
polifonìa	sf	molteplicità di suoni; in musica unione di più suoni o parti vocali o strumentali
poliomielite	sf	infiammazione della sostanza grigia del midollo spinale con atrofia dei muscoli
poliopìa	sf	in medicina visione molteplice di un oggetto
polipnèa	sf	frequenza di respiro superiore alla norma
polisemìa	sf	il fatto di avere significati diversi
politeama	sm	teatro destinato a rappresentazioni di spettacoli di vario genere
polìttico	sm	pala d'altare dipinta o scolpita, anche divisa in più parti; opera suddivisa in più parti fra loro collegate
pomàrio	sm	frutteto
poncho	sm sp	mantello usato nell'America latina costituito da un rettangolo di stoffa con apertura centrale
populismo	sm	movimento politico sociale russo nato nel fine Ottocento; atteggiamento politico

		socialistoide usato surrettiziamente con falsa esaltazione delle masse a fini politici
portanza	sf	capacità massima di carico; componente verticale della reazione del fluido al moto di un corpo
pòrtland	sm	cemento idraulico normale, il cui nome deriva da Portland, località dell'Inghilterra meridionale
portolano	sm	elenco dettagliato dei porti di una regione per scopi nautici
posidonia	sf	pianta acquatica costituita da foglie sottili, essenziale nell'ecosistema mediterraneo
postagiro	sm	titolo di credito non trasmissibile per girata emesso da un correntista su altro correntista
posticcio	agg	aggiunto o applicato dopo, provvisorio; artificioso, ambiguo
pragmatismo	sm	corrente di pensiero che afferma la preminenza dell'azione pratica sui valori teorici
prediale	agg	che riguarda i terreni, i fondi rustici
prèfica	sf	donna che accompagna i funerali con pianti e lamenti
prefiguraziòne	sf	anticipazione di eventi futuri
prefisso	sm	morfema anteposto ad una parola che ne stravolge il significato; es: s-fatto
presbiopìa	sf	difetto della vista dell'età matura con scarsa nitidezza delle immagini vicine
presèlla	sf	in equitazione parte delle briglie che si tengono in mano cavalcando; grappa di ferro a due punte per unire due pezzi di

		legno; ciascuno degli appezzamenti di terreno messi a coltura
prevaricazione	sf	abuso del proprio potere per illecito guadagno
prevòsto	sm	nei monasteri titolo che si dà al primo dignitario dopo l'abate per l'amministrazione dei beni; parroco
primatìccio	agg	detto di frutta od ortaggi che maturano in anticipo
primèvo	agg	che risale a tempi molto lontani
primièro	agg	primo, primitivo, anteriore all'attuale
primina	sf	prima classe elementare a cui accedono bambini che non hanno l'età per accedervi
primìpara	sf	donna o femmina al primo parto
prióra	sf	superiora di un monastero
prióre	sm	superiore di una comunità religiosa; titolo del Cavaliere di Malta che amministra i beni della comunità
procrastinare	vtr	rinviare, differire
prodìgo	agg	che spende o dona senza misura, dispensatore generoso
proditòrio	agg	traditore
pròdromo	sm	segno o indizio che precede il manifestarsi di un fatto

proèmio	sm	parte introduttiva di un poema, di un discorso
prognato	agg	di faccia, mascella che si protende in avanti, tipico delle popolazioni australiane
prognosi	sf	previsione sul decorso e/o sull'esito di un determinato quadro cinico
prolìfico	agg	che ha generato molti figli; fecondo, che produce molte opere
prolasso	sm	in medicina fuoriuscita di un organo dalla sua cavità naturale
prolisso	agg	di discorso o scritto lungo, eccessivamente minuzioso
prònao	sm	porticato esterno anteriore del tempio antico
prosaicità	sf	stile e tono di basso livello; banalità, mediocrità
proscenio	sm	parte anteriore del palcoscenico
prosodìa	sf	complesso di norme per l'accentuazione o meno delle sillabe o parole
prosopopèa	sf	aria d'importanza, gravità affettata e ridicola; figura retorica con cui si fanno parlare persone morte
pròtasi	sf	parte introduttiva del poema classico; in grammatica proposizione subordinata condizionale, che costituisce il periodo ipotetico, ES: se piove prendi l'ombrello
pròtesi	sf	sostituzione chirurgica di arti o parti di arto; aggiunta di un fonema all'inizio di una parola
pròto	sm	capo operaio di una tipografia;

protomèdico	sm	medico principale di una corte, di un ospedale o di una casa di cura
protoplasma	sm	la materia vivente cioè la sostanza fondamentale delle cellule
psicanàlisi	sf	tecnica usata per lo studio, la diagnosi e la cura dell'isteria
psicastenìa	sf	nevrosi caratterizzata da ansia e idee ossessive
psicopàtico	sm/agg	affetto da disturbo della personalità
psorìasi	sf	malattia cutanea manifestantesi con chiazze rossastre ricoperte di squame
pub	s ing	locale di origine inglese con spaccio di birra ed alcolici
pubblicista	sm	esperto, docente di diritto pubblico; giornalista collaboratore, con rapporto di lavoro non stabile
pubertà	sf	periodo della vita umana corrispondente all'inizio dell'attività sessuale
pudènda	sf pl	organi genitali esterni maschili o femminili
pudico	agg	che rivela pudore, riservato, discreto
puèrizia	sf	fanciullezza, età intermedia fra l'infanzia e l'adolescenza
puerpèrio	sm	in fisiologia il periodo di sei-otto settimane dopo l'espulsione del feto
pùglia	sf	nel gioco delle carte insieme dei gettoni di cui dispone il giocatore
pugna	sf	lotta, combattimento, battaglia

pula	sf	cascame della trebbiatura dei cereali; nrl gergo della malavita: la polizia
pulc(z)èlla	sf	giovinetta ancor vergine
pulèggia	sf	ruota girevole per sollevare carichi o trasmettere un moto rotatorio
pùlsar	sf	tipo di stella che emette pulsazioni elettromagnetiche
pummaròla	sf	la salsa di pomodoro nella cucina napoletana
pùngolo	sm	bastone con punta di ferro per stimolare le bestie da lavoro; stimolo, sprone
punch	s ing	bevanda alcolica calda composta da acqua, alcolici e zucchero
punterìa	sf	insieme degli strumenti per il puntamento di pezzi d'artiglieria
puntiglio	sm	ostinazione, caparbietà
punzone	sm	asta di acciaio recante in cima numeri o simboli per contrassegnare una superficie
pupillo	sm	protetto, favorito; minore orfano sottoposto a tutela
purismo	sm	dottrina linguistica che vieta l'intromissione di altre lingue o dialetti stranieri, nell'arte manifestazione artistica essenziale, priva di fronzoli e anche riferita al periodo classico
puritano	agg/sm	persona dominata da un moralismo intransigente
pusillànime	agg	vile, pavido, meschino

pusillo	agg	piccolino, umile
pùstola	sf	piccola protuberanza dell'epidermide con sottostante pus
putrèlla	sf	profilato metallico sagomato a doppia T
puzzle	s ing	gioco di pazienza tendente a mettere insieme tessere formanti una figura

LETTERA Q

quàccherismo	sm	movimento religioso improntato ad un intransigente puritanesimo e rigorismo morale
quadrìfora	sf	finestra a quattro luci
quadriga	sf	cocchio tirato da quattro cavalli affiancati
quadròtta	sf	formato di carta da scrivere di cm 27 x 42
quadrùmane	sm	di animale con quattro arti prensili, scimmia
quagliare	vintr	il coagularsi del latte; venire ad un risultato positivo

qualunquismo   sm   movimento politico caratterizzato da una polemica sfiducia nelle istituzioni e nei partiti

quanto   sm   il valore più piccolo di una grandezza variabile

quarésima   sf   nella liturgia cattolica periodo penitenziale di quaranta giorni in preparazione della Pasqua

quartazióne   sf   procedimento per ottenere una lega di oro e argento nella misura di uno e tre quarti

quatto   agg   chinato, raccolto per non farsi scorgere; si usa soprattutto nella loc. quatto quatto

querèla   sf   denuncia presentata all'autorità competente per danno sofferto

querimònia   sf   lamento, lagnanza

quèrulo   agg   di persona lamentosa

quietanza   sf   la ricevuta di un pagamento

quintana   sf   una delle vie dell'accampamento romano parallela alla via principale; gara medievale consistente nel colpire da parte di un cavaliere con una lancia un fantoccio, detta anche gara del saraceno

quintessènza   sf   caratteristica essenziale, peculiarità fondamentale

quisquilia   sf   cosa di nessuna importanza

quiz   sm   gioco d'indovinelli

quodlibet	lat	ciò che piace
quòrum	sm	numero legale necessario per la decisione in una assemblea o collegio
quotazióne	sf	determinazione del valore; in borsistica il prezzo corrente di merci o valori mobiliari; grado di stima
quotidiano	agg	di ogni giorno, abituale, usuale
quoziènte	sm	In aritmetica il risultato della divisione; valore relativo; in psicometria Q.I. la valutazione del livello intellettivo; nelle elezioni il numero di voto validi per ottenere un seggio; nello sport il numero che definisce la priorità di una squadra sulle altre attraverso il rapporto fra i punti fatti e quelli subiti

LETTERA R

rabberciare	vtr	riparare, aggiustare alla meglio
rabbìno	sm	dottore della legge ebraica; ministro del culto di una comunità ebraica
rabboccare	vtr	riempire, colmare fino all'orlo
rabbuffo	sm	rimprovero molto aspro
rabdomante	sm	chi esercita l'arte divinatoria col movimento di una bacchetta; chi allo

stesso modo trova vene d'acqua

racèmo	sm	ciascun rametto del grappolo dell'uva (si dice anche racimolo)
racer	s ing	motoscafo da competizione
rachitìsmo	sm	malattia infantile da carenza di vitamina D per cui si ha una debolezza ossea
racla	sf	dispositivo nell'industria tessile o in tipografia per la stampa dei colori
radicale	agg	che si riferisce alla radice; appartenente ad un partito di matrice laica e pacifista
radiodiàgnosi	sf	diagnosi formulata in base ad esami radiologici
radiofaro	sm	stazione trasmittente fissa per l'assistenza della navigazione
raffazzonare	vtr	mettere insieme alla meglio o in fretta; aggiustare con una certa cura
rafférmo	agg	secco, duro, stantio
raffinare	vtr	rendere più fine, più puro; migliorare, perfezionare, rendere più sensibile
ràffio	sm	arnese di ferro terminante ad uncino per afferrare
ràgade	sf	lesione lineare e superficiale della cute o delle mucose, molto dolorosa
ragguàglio	sm	informazione; pareggio, livellamento; paragone, confronto
ragtime	s ing	composizione musicale di carattere sincopato, usato prevalentemente nel jazz, ragtime, etc.

ralla	sf	supporto destinato a sostenere la parte inferiore di un perno ad asse verticale
randa	sf	nelle navi vela di taglio di forma trapezioidale
random	agg ing	casuale, aleatorio, privo di regolarità
ranèlla	sf	piastrina metallica con foro circolare, sinonimo di rosetta o rondella
range	s ing	sinonimo di intervallo
ranno	sm	miscuglio di cenere e acqua bollente per lavare i panni
ràpida	sf	tratto di fiume in forte pendenza in cui l'acqua assume un moto veloce accelerato
rappèzzo	sm	o rattoppo, applicazione di una pezza su di un indumento lacerato; rimedio improvvisato ed insufficiente
rappresàglia	sf	reazione lecita di uno stato all'azione illecita di altro stato; ritorsione violenta e sproporzionata ad un danno subito
rapsodìa	sf	componimento poetico di carattere etico; composizione musicale con temi di origine popolare
rasura	sf	raschiatura di una parte dl testo in una pergamena o simili
razza	sf	in biologia popolazione con caratteristiche morfologiche, genetiche e fisiologiche ben determinate
rébbio	sm	ciascuna delle punte di un arnese biforcuto; es. i rebbi della forchetta
razzismo	sm	presunzione dell'esistenza di razze biologicamente o storicamente superiori

rèbus	sm	gioco enigmistico di una soluzione ottenuta da segni o figure; parola, frase difficile a capire o risolvere
recessiòne	sf	in economia flessione dello sviluppo, depressione economica
recidiva	sf	ricaduta in un reato per il quale si è già stati condannati
recital	s ing	esibizione solistica di un artista
recisùra	sf	rottura della pelle lungo una piegatura naturale, ad esempio per il freddo
recòndito	agg	nascosto, appartato, celato, inaccessibile
rèdo	sm	puledro o vitello piccolo
referee	s ing	giudice arbitro
refill	s ing	serbatoio di ricambio per penne e matite a sfera
reflex	s ing	dispositivo fotografico che permette la messa a fuoco dell'immagine
rèfolo	sm	improvvisa e leggera folata di vento
refuso	sm	in tipografia errore di composizione o di stampa per errata collocazione dei caratteri
regèsto	sm	raccolta ordinata di documenti riportati riassuntivamente
reggènte	sm	chi regge lo stato o un alto ufficio; colui che detiene temporaneamente una carica pubblica

regime	sm	ordinamento politico, forma o sistema statuale di governo; governo autoritario e antidemocratico
reich	s ted	stato, governo germanico
reiètto	agg	respinto, messo ai margini
reificare	vtr	prendere per concreto l'astratto ovvero considerare concetti, idee, categorie alla stregua di oggetti concreti
relativismo	sm	concezione filosofica che riconosce una verità relativa delle cose o avvenimenti
remainder	s ing	libro venduto scontato in quanto rimanenza di magazzino
rèmolo	sm	mulinello d'acqua o di vento
rèmora	sf	indugio, dilatazione, freno
reòfilo	sm	organismo vivente in acque correnti
replay	s ing	ripetizione; dicesi di programmi radiotelevisivi ritrasmessi successivamente
rèprobo	agg	condannato dalla giustizia divina; malvagio, scellerato
rèsta	sf	lungo cavo di canapa per il traino delle reti nella pesca d'altura; ciascuno dei filamenti rigidi della spiga o di altre graminacee; ferro di varia conformazione nella corazza del cavaliere per la tenuta della lancia
retablo	sm	tipo di ancona in cui i singoli riquadri sono dipinti o scolpiti

rètore	sm	nell'antica Grecia maestro di eloquenza; spregiativamente scrittore o oratore artificioso, superficiale
retòrica	sf	eloquenza come disciplina del parlare o dello scrivere; in senso spregiativo ricerca artificiosa dell'effetto
retroguàrdia	sf	forze di sicurezza alla salvaguardia di una colonna in marcia;
retrogusto	sm	gusto che rimane in bocca dopo aver ingerito cibo o bevanda
rettifilo	sm	tratto di strada ad asse rettilineo
reumatismo	sm	detto anche reuma, dolore variabile vagante a carico degli organi dell'apparato locomotore
revanscismo	sm	tendenza di un paese sconfitto a conseguire una rivincita con la guerra
revisionismo	sm	tendenza a modificare l'assetto stabilito dai trattati internazionali sottoscritti
ribaldo	sm	nel medioevo soldato di umile condizione impiegato all'inizio della battaglia o per il saccheggio; chi vive di violenze e soprusi
ribòtta	sf	sinonimo di bisboccia ovvero di riunione di amici per gozzovigliare
ributtante	agg	che provoca un senso di profonda repulsione, ripugnante
ricórso	sm	richiesta motivata per la revoca di un atto ritenuto lesivo di un proprio diritto
ricusazióne	sf	richiesta motivata di sostituzione di un giudice nel processo
ridda	sf	movimento disordinato e convulso di persone o cose

ridondanza	sf	superflua sovrabbondanza
ridotta	sf	opera fortificata difensiva di modesta entità
riesumare	vtr	dissotterrare, disseppellire; riportare alla luce (di documenti)
rifritto	agg	detto e ridetto
rifùlgere	vintr	emanare luce intensa, risplendere
rigàglie	sf pl	interiora del pollo o di altri volatili
rigiro	sm	giro ripetuto; intrigo, maneggio nascosto
rigorismo	sm	termine indicante l'obbligo di seguire il comando morale (in Kant)
rilassatézza	sf	stato di rilassamento, soprattutto morale
rilevanza	sf	la caratteristica di essere di grande importanza
rilòga	sf	asta orizzontale a cui sono attaccate le tende
riluttante	agg	che mal si adatta al volere altrui, ritroso, restio
riméssa	sf	luogo di ricovero o di riparo; nello sport l'azione di rimettere in gioco la palla; nel tennis la risposta alla battuta dell'avversario; spedizione per la consegna al destinatario di merci o denaro
ringalluzzire	vtr	suscitare una reazione di baldanzosa euforia

rinite	sf	infiammazione della mucosa nasale
rinnegato	sm/agg	colui che rifiuta un'idea o un'appartenenza a suo tempo accettata
rinoplàstica	sf	operazione chirurgica atta a correggere malformazioni del naso
rinùnzia	sf	abbandono volontario di un diritto o di un bene
rinvìlio	sm	diminuzione del prezzo di vendita
riparèlla	sf	cerchietto metallico che s'interpone fra il dado e la superficie da stringere
ripàrio	agg	che vive sulla riva del fiume o del lago
ripper	s ing	benna di scavo dei trattori cingolati
riscòntro	sm	messa a confronto per rilevare differenze o meno; contrapposizione
riséga	sf	rientranza dovuta a riduzione dello spessore di una struttura muraria
risentimènto	sm	atteggiamento d'irritazione e animosità verso un'offesa o comportamento ingiusto
risiera	sf	sinonimo di riseria, stabilimento per la lavorazione del riso; di San Sabba (Trieste): lager nazifascista
risorgimènto	sm	ritorno alla vita; movimento politico-culturale che tra il 18° ed il 19° secolo portò all'unità italiana
ritègno	sm	tendenza a moderare gli impulsi; dispositivo atto a frenare qualcosa, ad esempio il rinculo dei cannoni

ritrosìa	sf	atteggiamento di resistenza ad agire
rivalsa	sf	compensazione, risarcimento per un danno subito
rivètto	sm	tipo di chiodo a doppia testa per unire due lamiere mediante la rivettatrice
rizòma	sm	fusto sotterraneo perenne di alcune piante
roano	agg	di cavallo dal mantello bianco e macchie marroni
ròcca	sf	fortezza costruita in luogo elevato
rócca	sf	Arnese usato per la filatura a mano; in tessitura tubo cilindrico o conico su cui si avvolge il filato
rodomonte	sm	spaccone temerario, prepotente
rogatòria	sf	richiesta rivolta da un'autorità giudiziaria ad un'altra per compiere atti istruttori per i quali non è competente
rollìo	sm	oscillazione lungo l'asse longitudinale di una imbarcazione o di un aeromobile
romanticismo	sm	movimento etico-spirituale di fine settecento e dei primi anni dell'ottocento rivendicante l'idea di libertà come esigenza fondamentale dell'individuo in tutti i campi, ma soprattutto in quello letterario
romanzo	sm	componimento letterario in prosa; serie di avvenimenti inventati
rompicapo	sm	preoccupazione, molestia di cui è difficile liberarsi; indovinello difficile

rompicòllo	sm	di persona impulsiva, scapestrata, che si butta allo sbaraglio; luogo pericoloso, faccenda molto rischiosa
rondò	sm	composizione musicale caratterizzata da un motivo ricorrente
Rontgen	sm	unità dosimetrica per le radiazioni elettromagnetiche capaci di attraversare i corpi opachi (raggi X)
rosolìa	sf	Malattia infettiva esantematica
rosòlio	sm	liquore di moderata gradazione alcolica, dolce e aromatico
ròsta	sf	serramento fisso metallico a forma di ventaglio al di sopra dell'imposta di una porta; sbarramento di una via d'acqua per la presenza di frasche o di sterpi
rotativa	sf	macchina tipografica impiegata per grandi tirature di quotidiani o riviste
rottamare	vtr	demolire, dicesi di autovetture o di macchine in genere non più servibili
routine	sf fr	pratica, esperienza; modo, ritmo di vita o di attività lavorativa
royalty	s ing	compenso riconosciuto al proprietario di un bene, di un'opera d'ingegno, di un brevetto
rubizzo	agg	sano e vigoroso, vegeto, arzillo
runa	sf	ciascuno dei caratteri grafici dell'antico alfabeto germanico
ruspa	sf	macchina per lavori di scavo superficiale e per carico e scarico di terra o altri inerti

ruta	sf	pianta di sapore acre ed amaro; usata in medicina e anche per aromatizzare la grappa
rutilante	agg	risplendente, di fiammeggiante intensità

LETTERA S

sabba	sm	riunione orgiastica di streghe e diavoli nelle leggende medioevali
saccàride	sm	sinonimo di carboidrato o glicide
saccèllo	sm	in botanica capsula il cui pericarpo a maturità si rompe facendo uscire il seme
sacèllo	sm	piccolo tempietto isolato
sacràrio	sm	cappella in cui sono raccolti i resti di benemeriti della patria
sacrilègio	sm	profanazione di cose sacre
sadismo	sm	perversione di chi trae eccitazione sessuale nell'infliggere sofferenze al partner
sagàcia	sf	perspicacia, acume, avvedutezza
sahib	sm arab	signore, padrone

salace	agg	molto spinto, lascivo
salàrio	sm	retribuzione del lavoratore subordinato, dell'operaio
salmo	sm	componimento poetico ebraico
salmonèlla	sf	genere di batteri con azione patogena anche grave; può provocare febbri tifoidee ed enteriti
salomònico	agg	saggio, imparziale
salopette	sf fr.	indumento costituito da pantaloni, pettorina e bretelle
saltaleone	sm	filo metallico avvolto a spirale con funzioni di molla
salùbre	agg	che fa bene alla salute
salvaguàrdia	sf	tutela, difesa, custodia
salvavita	sm	interruttore automatico domestico della corrente elettrica
samurài	sm	antico guerriero giapponese
sanatòria	sf	legittimazione di un atto irregolare da parte dell'autorità
sanculòtto	sm	nome dato dagli aristocratici ai rivoluzionari francesi
sàntolo	sm	padrino del battesimo
sapa	sf	mosto cotto per ebollizione usato come condimento

sapidità	sf	intensità di sapore; arguzia sottile e vivace
saracco	sm	sega a mano di forma trapezoidale
sàrchio	sm	zappa terminante biforcuta per smuovere la terra
sarcòma	sm	tumore maligno dei tessuti molli e dell'apparato osteoarticolare
sardònico	agg	sarcastico
sarmènto	sm	tralcio, ramo lungo della vite o di altre piante ricadente a terra o rampicante
sàrtia	sf	cavo usato nelle imbarcazioni a vela per rinforzo degli alberi verticali
sassolino	sm	liquore dolce di Sassuolo ottenuto dalla macerazione dell'anice
satin	sm	tessuto di cotone liscio, rasato, simile alla seta, usato soprattutto come fodera
sàtrapo	sm	governatore nell'impero persiano; persona che si dà aria d'importanza
sbalestrato	agg	disordinato, non equilibrato
sbavatura	sf	sfumatura di colore o di altro liquido; pulizia della bava da pezzi meccanici lavorati; fig. eccedenza, ridondanza di stile, divagazione dal tema
sbevazzare	vintr	bere smoderatamente e di frequente
sbirro	sm	guardia in servizio di polizia; in senso spregiativo poliziotto
scabro	agg	non liscio; brullo, pietroso; in letteratura conciso, essenziale

scaccino	sm	colui che è addetto alla pulizia ed all'ordine della chiesa
scadenzàrio	sm	registro di annotazione di scadenze temporali
scafato	agg	smaliziato, esperto, disinvolto
scalcagnato	agg	consumato, logorato, rotto
scalcare	vtr	trinciare carni cucinate
scamozzare	vtr	potare una pianta di tutti i rami non fruttiferi; lasciare di una pianta solo il tronco
scapo	sm	in architettura fusto di colonna; asse fiorifero privo di foglie; stelo delle penne degli uccelli
scartafàccio	sm	quaderno per appunti; in contabilità libro di prima nota
scartòffia	sf	incartamenti, pratiche d'ufficio
scatològico	agg	relativo a scritti o discorsi riguardanti gli escrementi o che ha contenuto osceno
scavallare	vintr	godersi la vita spensieratamente; abbandonarsi a corse e giochi (di ragazzi)
scavezzacòllo	sm	persona scapestrata che conduce una vita libera e sregolata
scazzo	sm	screzio, discussione agitata e violenta, lite
scècernere	vtr	individuare con gli occhi; comprendere; scegliere, selezionare
scèmpio	sm	violenza cruenta e spietata, massacro, strage

sceneggiata	sf	genere teatrale napoletano, parlato e cantato; messinscena, simulazione per impietosire
scenografia	sf	arte e tecnica di creazione artistica teatrale o di un programma cinematografico
scèpsi	sf	esame critico di un processo conoscitivo senza la pretesa di una conclusione
scèrpa	sm	guida o portatore indigeno delle montagne del Tibet
scetticismo	sm	corrente filosofica implicante la negazione di una conoscenza assoluta delle cose
scherano	sm	bandito, assassino
schisi	sf	nel linguaggio medico divisione o fessura della linea mediana di un organo
schizofrenìa	sf	grave malattia mentale con dissociazione della personalità
sciaccò	sm	copricapo militare alto e cilindrico usato da molte fanterie europee
sciacquare	vtr	lavare, ripassare nell'acqua; per le stoviglie per togliere il sapone, in bocca per togliere sapori
scialare	vtr	spendere con larghezza ed ostentazione, sperperare
scialbo	agg	pallidi, smorto, sbiadito; fig. inespressivo, privo di personalità
scialo	sm	spreco, eccesso
sciamano	sm	individuo che con meditazione o stato di estasi pretende di connettersi o identificarsi col divino

sciàmito	sm	drappo di seta simile al velluto usato per paramenti o vestiti eleganti
sciapo	agg	insipido
sciatto	agg	trasandato, trascurato nella persona
sciènte	agg	consapevole, dotto, esperto
sciovinismo	sm	nazionalismo acceso e fanatico per cui sono validi solo i diritti del proprio paese
scipito	agg	insipido, senza sapore; dicesi anche di persona insulsa, non spiritosa
scisma	sm	storicamente separazione di un gruppo di fedeli dal corpo della chiesa cattolica; separazione all'interno di un gruppo organizzato, di un partito o di un movimento
scleròsi	sf	profonda alterazione di un tessuto o di un organo, particolarmente del tessuto nervoso
scolastica	sf	pensiero filosofico cristiano medievale scomparso col rinascimento
scólta	sf	sentinella, guardia
scompaginare	vtr	guastare l'ordine o la struttura di un insieme organico (ES: un libro) o funzionale
sconsiderato	agg	colui che agisce senza riflettere, senza buon senso
scopelismo	sm	minaccia di morte o violenza mediante lettere minatorie o segni simbolici

scotòma	sf	riduzione circoscritta della sensibilità luminosa del campo visivo
scottòna	sf	taglio di carne di una femmina di bovino che non ha mai partorito
scoutismo	sm	movimento giovanile internazionale a scopo formativo per i giovani
scròcco	sm	l'ottenere illegalmente una somma di denaro; scatto (di un coltello o di una serratura)
scurrile	agg	volgare, triviale
seborrèa	sf	aumento patologico della secrezione sebacea
secolare	agg	che appartiene al secolo, che è di più secoli; appartenente alla vita laica
sedime	sm	superficie piana di terreno su cui poggiano le fondazioni di un edificio
sedicènte	agg	chi si attribuisce arbitrariamente titoli, generalità, qualifiche
seggetta	sf	sedile contenente un vaso da notte, usato per gli infermi
selènico	agg	della luna
self-service	loc ing	punto vendita in cui l'acquirente si serve da sé
semantica	sf	ramo della linguistica che studia il significato degli enunciati di una lingua o di un dialetto
semeiòtica	sf	in medicina studio dei segni delle malattie

semiologìa	sf	scienza dei segni linguistici
senilità	sf	complesso dei caratteri morfologici dell'uomo nell'età avanzata, vecchiaia
sensitivo	sm/agg	relativo all'attività dei sensi; in parapsicologia persona che concorre a fenomeni extrasensoriali quali la telepatia, chiaroveggenza, precognizione, .
seracco	sm	blocco di ghiaccio
seròtino	agg	serale; dicesi di fiori o frutti che maturano a fine stagione
sèrpa	sf	sedile della carrozza o della diligenza destinata al cocchiere
sèrto	sm	ghirlanda, corona
servàggio	sm	schiavitù, stato di servitù politica o sociale
sesquipedale	agg	ampolloso, risonante, enorme, smisurato
sessatore	sm	colui che nell'allevamento della pollicoltura in batteria riconosce il sesso dei pulcini
sestière	sm	ciascuna delle sei parti in cui era divisa Venezia o Firenze
sfarzóso	agg	eccezionale per profusione di ricchezza
sfegatato	agg	sostenitore fanatico, fortemente appassionato
sfizio	sm	capriccio, divertimento

sfòggio	sm	ostentazione di lusso, eleganza
sforamento	sm	superamento dei limiti, di tempo o numerici, prefissati
sfóttere	vtr	fare oggetto di derisione, canzonatura, scherno
sfrido	sm	residuo della lavorazione di materiali o prodotti vari
sfrigolìo	sm	il crepitio, lo scoppiettare di cose al contatto con la fiamma
sfruconare	vtr	togliere qualcosa che ostruisce da un foro o da un tubo
sgórgo	sm	fuoriuscita abbondante ed impetuosa di un liquido
sgróndo	sm	il cadere dell'acqua da una grondaia
sguìncio	sm	in architettura conformazione ad angolo ottuso di un vano o altra struttura, tipo finestra
share	s ing	percentuale di spettatori sintonizzati su di un canale radiotelevisivo
shoah	s ebr	catastrofe, distruzione; sterminio del popolo ebraico
sibarita	sm	abitante di Sibari; persona di gusti raffinati che si circonda di lusso e comodità
sicofante	sm	delatore, calunniatore, spia
sicomòro	sm	albero delle regioni tropicali africane usato dagli egizi per le casse delle mummie
sicumèra	sf	atteggiamento scostante di presuntuosa superiorità

sifilide	sf	malattia infettiva a decorso cronico contratta per via sessuale
sìlfide	sf	nella mitologia germanica genio femminile dell'aria, dei boschi; donna molto bella, slanciata
silicòsi	sf	malattia delle vie respiratorie, bronchiti ed insufficienza respiratoria, dovuta all'inalazione di silice, che colpisce minatori, cavatori o lavoratori del vetro
sìlloge	sf	raccolta di iscrizioni (epigrafia) o di brani antologici di uno o più scrittori
sillogismo	sm	nella logica aristotelica si intende che da due proposizioni (premesse) ne deriva per necessità una terza (conclusione) ES: gli uomini sono mortali -Sergio è un uomo- Sergio è mortale
silvano	agg	che abita o vive nelle selve, anche silvestre ha lo stesso significato
simbiòsi	sf	convivenza fra organismi di specie diverse, animali o vegetali
similòro	sm	lega di rame, zinco e stagno, del colore dell'oro, usata in bigiotteria
simonìa	sf	compravendita di cose sacre, materiali (reliquie) o spirituali (indulgenze)
sinapsi	sf	in neurofisiologia la connessione funzionale fra due cellule nervose
sincopato	agg	ritmo musicale caratterizzato da instabilità per note sovrapposte
sincope	sf	perdita di coscienza per carenza di ossigeno al cervello; caduta di vocale all'interno di una parola. Es: spirto per spirito

sincretismo	sm	accordo o fusione di dottrine di origine diversa
sincronismo	sm	contemporaneità di svolgimento di azioni o fatti diversi
sindacato	sm	associazione che riunisce i lavoratori di una determinata categoria
sìndrome	sf	complesso più o meno caratteristico di sintomi
sineddoche	sf	figura retorica con cui si indica una cosa o concetto con altra con significato più o meno ampio. ES: vela per nave - ferro per spada - felino per gatto
sinestesìa	sf	associazione espressiva di due parole pertinenti a due sfere sensoriali diverse ES: voce calda; colore squillante
siniscalco	sm	maestro di casa di famiglie reali nel Medioevo; alto funzionario reale o imperiale
sìnodo	sm	adunanza dei sacerdoti e dei chierici di una diocesi
sinonimìa	sf	identità sostanziale di significato di due parole ES: viso e volto - opposto e contrario
sinopia	sf	disegno preparatorio di un affresco con un colore rosso-bruno
sinossi	sf	esposizione sintetica e schematica, compendio
sintassi	sf	il complesso dei vari elementi intercorrenti nella costruzione di una frase o periodo
sistola	sf	lungo tubo di gomma o altro che collegato ad un rubinetto spruzza getti d'acqua

sìstole	sf	contrazione del miocardio
sistro	sm	antico strumento musicale egiziano producente un suono per lo sbattimento di bastoncini mobili attraversanti dei fori di una lamina tenuta ferma da un manico collegato alla lamina
sivièra	sf	recipiente di lamiera rivestito all'interno di refrattario per raccogliere il metallo fuso
sismògrafo	sm	apparecchio per registrare i terremoti
skai	sm	pelle sintetica
skinhead	s ing	seguace di un movimento giovanile inglese caratterizzato dalla testa rasata
slang	s ing	tipo di linguaggio più espressivo ed immediato
snob	s ing	chi ostenta modi aristocratici, raffinati, eccentrici
sobrietà	sf	moderazione nel soddisfacimento degli appetiti; caratteristica di chi non è ubriaco
sociobiologìa	sf	studio sistematico delle basi biologiche di ogni forma di comportamento sociale
sodaglia	sf	terreno non dissodato
sodale	agg	compagno
sofisma	sm	ragionamento capzioso in apparenza logico ma fallace
sofista	sm/f	ragionatore sottile e cavilloso

solecismo	sm	errore o improprietà di grammatica o di sintassi
solféggio	sm	sistema di lettura musicale proferendo i nomi delle note, eseguito per esercizio
solipsismo	sm	in filosofia atteggiamento di chi risolve ogni realtà in sé medesimo; individualismo estremo
sollùcchero	sm	stato di grande soddisfazione, godimento
solstizio	sm	istante in cui il sole raggiunge la massima declinazione rispetto all'equatore celeste (23° e 27') rispettivamente il 21 giugno ed il 21 dicembre
sonnambulismo	sm	attività motoria non controllata dalla coscienza che si svolge nella prima parte del sonno
sontüóso	agg	ricco ed elegante, con grande sfarzo, lussuoso
sostanziale	agg	essenziale, fondamentale
sostizio	sm	in geologia strato sottostante;
sotàdico	agg	osceno, licenzioso
sottécchi	avv	con gli occhi socchiusi, per guardare senza farsi scorgere
sovchoz	sm rus	azienda agricola di stato
soviètico	agg	dei soviet ovvero riguardante i consigli (dei medici, dei professori, dei ministri; etc.)
sparato	sm	parte anteriore della camicia da uomo inamidata

sparto	sm	graminacea con lunghe foglie per fare cordami
spàsimo	sm	dolore acuto, sofferenza, tormento angoscioso
spauràcchio	sm	spaventapasseri; cosa o persona che incute spavento; persona molto brutta
specillo	sm	strumento lungo e sottile per esplorare le ferite (usato in chirurgia)
speci óso	agg	che ha sola apparenza di validità; molto bello e appariscente
specimen	sm	saggio, campione, modello; in banca autografo della firma del cliente depositata
spècola	sf	osservazione, luogo elevato per l'osservazione astronomica
speleologìa	sf	scienza che studia le grotte e le caverne naturali
spernacchiare	vtr	prendere uno a pernacchie, deridere, sbeffeggiare
sperticato	agg	eccessivo, esagerato
spettacolare	agg	grandioso, attrattivo, suggestivo, straordinario
speziale	sm	venditore di spezie, di erbe medicinali, farmacista
spider	s ing	carrozza leggera a due posti; auto sportiva a due posti scoperta
spinèllo	sm	sigaretta fatta a mano con la cartina; sigaretta confezionata con droga leggera
spiritual	sm	canto di origine popolare con forte componente religiosa del sud degli USA

splenite	sf	processo infiammatorio della milza
sponsale	sm/agg	promessa, contratto di matrimonio; coniugale
spòrtula	sf	compenso
sprimacciare	vtr	scuotere e sbattere vigorosamente (un cuscino ad esempio)
spùrio	agg	non autentico, falsificato, costole spurie: le ultime quattro costole
squadrismo	sm	attività repressiva ed intimidatoria delle squadre d'azione fasciste
stàbbio	sm	spazio recintato per gli animali; stalla
stadèra	sf	bilancia costituita da asta graduata su cui scorre un peso e da un piatto
stàdia	sf	strumento per misurare distanze o livelli
staff	s ingl	personale direttivo di un'azienda con funzione di gestione e controllo delle attività
stàggio	sm	serie di elementi di legno che servono a delimitare; ES: montanti di una scala
stagnaziòne	sf	accentuato rallentamento o sviluppo di un'attività economica; riferito a liquidi o aeriformi, immobilità, ristagno degli stessi
stàlag	sm	campo di concentramento nazista
stame	sm	filo di lana da filare, sinonimo di ordito; elemento del fiore che porta all'apice del filamento una parte ingrossata, detta antera, contenente la parte fertile

stampigliatura	sf	operazione che imprime sui fogli mediante un timbro, detto stampiglia, scritte o segni
starlet	s ing	giovane attrice agli esordi della carriera
statino	sm	libretto su cui vengono riportati i risultati degli esami universitari
stenografia	sf	metodo di scrittura manuale abbreviata
stereotipia	sf	in tipografia impressione a incavo delle forme composte con caratteri mobili su un cartone (detto flano) dal quale si ricava una fusione di piombo per la stampa
stereòtipo	agg/sm	impersonale, inespressivo; modello convenzionale di atteggiamento, di discorso
stèro	sm	unità di misura di volume equivalente ad un metro cubo, usata per il carbone o la legna
stigma	sf	nell'uso letterario marchio, impronta; in botanica la parte superiore del pistillo; ciascuna delle aperture tracheali degli insetti
stilèma	sm	in linguistica, elemento formale di stile o linguaggio proprio di uno scrittore o di una scuola
stilita	sm	anacoreta, eremita che viveva su di un pilastro o colonna per mortificazione
stillìcidio	sm	gocciolamento lento e continuo; ripetizione continua ed insistente di un atto, un fatto
stilòbate	sm	piedistallo delle colonne greche

stipsi	sf	stitichezza, difficoltà nella defecazione
stocàstico	agg	casuale, aleatorio
stolóne	sm	ramo strisciante dei pini o di altre conifere
stórmo	sm	schiera di armati; gruppo di aeromobili; gruppo di uccelli o insetti in volo
stórno	sm	cavallo dal pelo nero con macchie di peli bianchi
strèss	sm	tensione, logorio nervoso, affaticamento psicofisico; situazione di sforzo a cui è sottoposto un materiale fino al punto di rottura della continuità della materia (legno o metallo)
strige	sf	uccello notturno da rapina, quale gufo, civetta, barbagianni, etc.
stringa	sf	sottile cordoncino per allacciare le scarpe
stròbilo	sm	il frutto dei pini o altre conifere, detto anche pigna
strozzìnaggio	sm	usura, l'esigere un prezzo o compenso eccessivo per stato di necessità
stufato	sm	pietanza di carne condita e cotta in tegame fondo per molto tempo ed a fuoco lento
suadènte	agg	che persuade, che convince usando la dolcezza e le lusinghe
sùbbia	sf	scalpello a forma piramidale, quadrangolare o a punta conica, per sgrossare le pietre
sub(bb)iettivo	agg	sinonimo di soggettivo, usato soprattutto nel linguaggio medico, filosofico, giuridico

subfrènico	agg	in medicina che si trova al di sotto del diaframma
subornare	vtr	indurre qualcuno a dire il falso (ES: in tribunale)
succedaneo	agg	sostituto di qualcosa o qualcuno che ne surroga le funzioni
succlàvio	agg	che si trova sotto la clavicola
sùccubo/e	agg	che si lascia dominare da altri, soggiogato alla volontà altrui
sùcido	agg	sudicio, sporco; si dice della lana non ancora sottoposta a lavatura
suffisso	sm	morfema che si aggiunge alla radice di una parola per modificare il significato; Es: imo, accio
suffragétta	sf	militante del movimento femminista per l'estensione del suffragio elettorale alle donne
sugna	sf	grasso di maiale usato per ungere i mozzi delle ruote o per impermeabilizzare le scarpe
sunna	sf	modo abituale di comportarsi dei mussulmani derivante dagli insegnamenti di Maometto
suppergiù	avv	all'incirca
suppletivo	agg	supplementare, che integra
sura	sf	ciascuno dei 114 capitoli in cui è suddiviso il Corano
surrealismo	sm	movimento culturale, letterario ed artistico sorto fra la prima e la seconda guerra mondiale fondato sulla

		rivalutazione dell'inconscio, dell'immaginazione, contro il razionalismo
surrettìzio	agg	nel linguaggio giuridico e canonico di atto in cui si tace intenzionalmente un fatto
surrogare	vtr	nel linguaggio giuridico sostituire un'altra persona in diritti o funzioni
suscettìbile	agg	di persona facile ad offendersi, a risentirsi, eccessivamente sensibile a giudizi o critiche
suspense	s ing	stato di apprensione o di ansiosa attesa
sussìdio	sm	aiuto finanziario, anche complementare dato da un ente per determinate finalità
sussiègo	sm	contegno sostenuto ed altezzoso
sussìstenza	sf	quanto è necessario alla sopravvivenza delle persone
sutura	sf	in chirurgia operazione di riunione di lembi di pelle o di organi
suzióne	sf	termine scientifico indicante in generale l'azione del suggere, del succhiare; ad esempio si dice del bambino che succhia il latte o di chi succhia il sangue da una ferita
svagato	agg	distratto, con la testa fra le nuvole
svampito	agg	persona poco lucida intellettualmente
svèntola	sf	arnese per ravvivare il fuoco; schiaffo, ceffone; ragazza prosperosa
svettatoio	sm	tipo di cesoia a molla per svettare i rami degli alberi

svilire	vtr	ridurre di valore, svalutare, deprezzare
sviolinatura	sf	discorso smaccatamente adulatorio
sviscerare	vtr	esaminare con gran cura ed attenzione, studiare a fondo
sviscerato	agg	molto profondo ed intenso; espresso enfaticamente ed in modo esagerato
swing	s ing	nel pugilato colpo portato con torsione del corpo; ritmo della musica jazz

LETTERA T

tabagismo	sm	intossicazione dovuta all'uso prolungato di tabacco
tabarro	sm	ampio e grosso mantello senza maniche indossato sopra il vestito
tabloid	s ing	giornale di formato ridotto
tabù	sm	cosa, azione, argomento da evitare
tabulato	sm	prospetto a modulo continuo stampato da un elaboratore elettronico
tachicardìa	sf	aumento di frequenza delle pulsazioni cardiache
tachifagìa	sf	modo precipitoso e convulso di magiare
tachifemìa	sf	modo concitato di parlare

tagicco	sm	appartenente a gruppi etnici indoeuropei stanziati nell'Asia meridionale e nel sud russo
talare	agg	abito lungo del clero cattolico di colore diverso se portato da sacerdoti, vescovi, cardinali, etc.
talassemìa	sf	grave forma di anemia emolitica, ovvero di carenza di globuli rossi
talmudico	agg	che riguarda il Talmud, cioè i due testi contenenti gli studi ed i commenti della legge mosaica
tampinare	vtr	importunare, molestare; stare alle calcagna di qualcuno
tamurè	sm	ballo tipico dell'isola caraibica
tànghero	sm	persona rozza e villana nei modi
tapino	agg	misero, infelice
tarpare	vtr	tagliare la punta delle ali di un uccello per impedirgli di volare; impedire a qualcuno di manifestare e sviluppare le proprie capacità
tartana	sf	piccolo veliero da carico o da pesca; si dice anche di rete a strascico tirata da due tartane
tartassare	vtr	sottoporre a continui maltrattamenti o a valutazioni negative
tassativo	agg	perentorio, non discutibile, inderogabile
tassidermìa	sf	tecnica per la preparazione degli animali morti destinati ai musei

tassonomia	sf	studio teorico della classificazione nelle scienze naturali (= sistematica)
tattilità	sf	ricettività specifica degli organi del tatto
taumaturgo	sm	chi possiede il dono di fare miracoli
tauromachìa	sf	combattimento contro i tori, corrida
tautologìa	sf	ragionamento, espressione, termine che ripete quanto già detto
tèca	sf	astuccio, custodia; in biologia gusci, ricettacoli, rivestimenti di organismi
teda	sf	fiaccola formata da un ramo resinoso
telemetrìa	sf	sistema di osservazione per determinare la distanza di un oggetto dal punto d'osservazione
teleologia	sf	in filosofia la teoria che considera la realtà un sistema avente una ben precisa finalità
tempèlla	sf	tavola di legno, che, percossa, dava la sveglia ai frati per le preghiere
tendenziòso	agg	che produce un effetto dannoso, alterato della realtà
teocrazìa	sf	sistema di governo esercitato in nome della divinità
teofanìa	sf	manifestazione della divinità
teogonìa	sf	insieme dei miti sull'origine e la discendenza degli dei
teologìa	sf	dottrina che studia le divinità, le religioni, i miti, i culti

teomanìa	sf	in psichiatria la mania religiosa
teoresi	sf	pura attività speculativa senza fini pratici, contrapposta a prassi
teorètico	agg	che appartiene o si riferisce alla teoria, alla speculazione senza fini pratici
terapìa	sf	branca della medicina che studia le modalità per combattere le malattie
teratologìa	sf	studio delle anomalie morfologiche e in particolare, delle anomalie fetali
termòforo	sm	apparecchio che produce calore per lenire il dolore su di una parte del corpo
ternàrio	agg	risultante di tre elementi
testosteròne	sm	in fisiologia secreto dal testicolo, che influenza le caratteristiche sessuali maschili
testuale	agg	corrispondente a quanto scritto o detto, relativo al testo
tetanìa	sf	quadro morboso caratterizzato da ipereccitabilità neuromuscolare
tetragono	agg	fermo, costante, irremovibile
tettònica	sf	ramo della geologia che studia i movimenti della crosta terrestre
teurgìa	sf	complesso di riti e di tecniche per ingraziarsi gli Dei
timer	s ing.	commutatore elettrico automatico dante contatto dopo un certo tempo
tirapiedi	sm	aiutante del boia; chi asseconda i voleri di un superiore

tiratura	sf	l'operazione di tirare copie di stampa; numero di copie stampate
titillare	v tr	solleticare, eccitare; lusingare
tòlda	sm	ponte scoperto delle navi a vela e non
tomàia	sf	parte superiore della scarpa, che avvolge il piede
tonsura	sf	rasatura circolare sulla sommità del capo, tipica degli ordini religiosi, detta anche chierica
topiàrio	agg	dicesi dell'arte di potare siepi o alberi in forme particolari
tòpico	agg	che riguarda il luogo, locale; specifico, particolarmente adatto
topografìa	sf	rappresentazione grafica di un terreno; configurazione di un luogo con strade, monumenti, etc.
topònimo	sm	in linguistica e geografia ogni nome proprio di luogo, città, fiumi, laghi, etc.
toracentèsi	sf	puntura con grosso ago fra le costole per prelievo di liquido dal cavo pleurico
toracotomìa	sf	incisione del torace per interventi chirurgici
tornasòle	sm	sostanza colorante usata per colorare gli alimenti; in chimica analitica per individuare soluzioni basiche o acide
torsèllo	sm	panno arrotolato da mettere sul capo per portare pesi; cuscinetto per gli spilli; punzone per monete
tossina	sf	sostanza biologica avente azione dannosa

toxoplasmòsi	sf	infezione provocata da endo-batteri che colpisce animali domestici e anche l'uomo
trabattèllo	sm	ponteggio metallico leggero usato in edilizia
tracimare	vintr	traboccare, straripare
tracòlla	sf	striscia di cuoio o stoffa passante sopra una spalla e poi sotto il braccio opposto per portare borse, zaini o anche armi
trafila	sf	matrice forata per restringere un profilato; passaggio obbligato per raggiungere un determinato scopo
tragenda	sf	convegno notturno di diavoli e streghe
traina	sf	corda per traino; Es: alla traina = a rimorchio; si dice anche di un sistema di pesca
training	s ing	periodo di addestramento professionale o di allenamento sportivo
tràlcio	sm	ramo della vite o di altre piante rampicanti
tralice	sm	di traverso, obliquamente
tralignare	vintr	degenerare, deviare dalle caratteristiche o qualità dei genitori o avi
tramòggia	sf	apparecchio formato da un cilindro terminante ad imbuto per lo scarico controllato di vari materiali
transeunte	agg	che ha una durata limitata nel tempo
trappista	sm	religioso dell'ordine dei cistercensi riformati con caratteristiche di rigida disciplina

trapunto	sm	tecnica e lavoro di ricamo ad ago; come agg. è il ricamo stesso
trascendentale	agg	molto difficile e complesso, che va oltre i limiti; in musica virtuosismo eccezionale per l'esecuzione
trascendente	agg	ciò che è al di là delle facoltà conoscitive, in contrapposizione ad immanente
transumanza	sf	migrazione stagionale di animali dai pascoli di montagna a quelli di pianura e viceversa
trasfigurazióne	sf	mutamento di aspetto, di figura, di espressione
trasgressióne	sf	deliberata infrazione di una norma, di una legge; graduale avanzamento del mare sulle terre emerse
trastullo	sm	gioco, passatempo, svago gioioso di bambini
trasudare	vintr	filtrare, uscire lentamente in piccole quantità, a gocce
tratturo	sm	larga pista formatasi per il passaggio delle greggi
tràuma	sm	lesione prodotta nell'organismo da un agente violento esterno; turbamento dello stato psichico normale
tréfolo	sm	fune di canapa o di cavo d'acciaio formata da fili fra loro ritorti
tregènda	sf	convegno notturno di diavoli e streghe
tréggia	sf	rozza slitta di legno a due pattini per il trasporto di legname o fieno
trend	s ing	inclinazione, tendenza di lungo periodo di un fenomeno

trenodìa	sf	lamentela, piagnisteo di più persone
triaca	sf	farmaco antichissimo contro le morsicature di animali velenosi
trial	s ing	nello sport prove di selezione
trìbade	sf	lesbica
tribuno	sm	nella Roma antica denominazione di vari magistrati e funzionari; politico demagogico
triclìnio	sm	sala da pranzo nella casa romana costituita da tre letti disposti attorno alla tavola
triglifo	sm	elemento architettonico scanalato dell'ordine dorico alternato alle metope
trigonometrìa	sf	parte della matematica che si occupa dei calcoli relativi ai lati ed agli angoli del triangolo
trincétto	sm	lama d'acciaio ricurva per tagliare il cuoio da parte del calzolaio
trinchétto	sm	albero verticale prodiero nelle barche a vela
trìpode	sm	sostegno a tre piedi per sostenere bracieri o recipienti; sgabello a tre piedi
trippa	sf	pancia, ventre; stomaco dei ruminanti bovini
tripsina	sf	enzima digestivo prodotto dal pancreas
triviale	agg	volgare, sguaiato, grossolano
tròfico	agg	in biologia che riguarda la nutrizione o le risorse energetiche

trofismo	sm	in medicina lo stato di nutrizione di un organismo
troica	sf	tiro a tre cavalli usato in Russia per carrozze o slitte
tròll	sm	demonietto fiabesco scandinavo abitante nei boschi, ora gnomo, ora gigante
trombata	sf	bocciatura agli esami o alle elezioni; rapporto carnale
trombòsi	sf	in medicina condizione morbosa
tròpico	sm	parallelo della sfera celeste che segna ciascuna delle declinazioni estreme (23°27') che il sole raggiunge durante il suo moto annuo apparente verso il Polo per tornare verso l'equatore
troposféra	sf	la parte più bassa dell'atmosfera terrestre
troupe	sf	compagnia teatrale
truck	s ing	autocarro
Tuareg	sm	popolazione sahariana di ceppo berbero caratterizzata da statura altissima
tubeless	s ing	dicesi di pneumatici privi di camera d'aria
tùmido	agg	eccessivamente gonfio
tumulazióne	sf	seppellimento di un cadavere in un loculo o nicchia
tùnica	sf	veste antica romana lunga fino ai piedi; in biologia membrana di rivestimento di organi cavi

turbativa	sf	nel linguaggio giuridico atto di disturbo o di molestia di qualcosa che sta avvenendo
turcasso	sm	recipiente cilindrico contenente le frecce
tùrgido	agg	gonfio
turìbolo	sm	recipiente sostenuto da tre catenelle in cui si brucia l'incenso
turlupinare	vtr	raggirare, ingannare beffando la buona fede di qualcuno
turpilòquio	sm	modo di esprimersi osceno, triviale
turpitùdine	sf	azione o espressione immorale, sconcia, ripugnante
tutèla	sf	istituto giuridico per cui una persona nominata da un giudice si assume la protezione di un minore o di un incapace; difesa, salvaguardia di un bene o di un diritto
tùtolo	sm	asse spugnoso della pannocchia del mais in cui sono inseriti i semi
tutù	sm	costume della ballerina classica con corpetto aderente e gonna a campana corta
twist	s ing	danza di origine statunitense in cui i ballerini oscillano avanti e indietro alternativamente

LETTERA U

ubbìa	sf	pregiudizio, credenza o convinzione infondata
ubertà	sf	fertilità del suolo; abbondanza, copiosità
ubiquità	sf	la proprietà di essere contemporaneamente in due o più luoghi
uditòrio	sm	insieme delle persone che ascoltano
ufficialità	sf	condizione di autenticità, di conoscenza formale
ùggia	sf	noia, tedio, fastidio
ùlcera	sf	lesione infiammatoria che provoca dolore intenso, di difficile cicatrizzazione
ultrà	s m/f pl	oltranzista, estremista, fanatico sostenitore
umanèsimo	sm	movimento culturale di fine Seicento che riprende i valori della cultura umanistica
umanitàrio	agg	di sentimenti o azioni rivolti al miglioramento della vita umana
umbràtile	agg	situato all'ombra; uomo chiuso, solitario
uncinètto	sm	piccolo arnese di forma allungata, con punta ricurva, per eseguire maglie concatenate fra loro
unguènto	sm	pasta di consistenza molle da spalmare sulla pelle come profumo o anche come medicamento

unìvoco	agg	che ha un significato solo e ben preciso (opposto di equivoco e di ambiguo)
uòpo	sm	bisogno, necessità
uòsa	sf	calzatura di lana; ghetta ovvero gambiera che fascia la caviglia soprattutto dei militari
urbanità	sf	modo civile e cortese di comportarsi nei rapporti fra persone
urèa	sf	composto organico presente nei tessuti e nel sangue; usato in agricoltura come fertilizzante
urènte	agg	che brucia; in patologia sensazione dolorosa come quella provocata dal fuoco
uretère	sm	condotto che porta l'urina dai reni alla vescica
uri	sf	fanciulle vergini del paradiso islamico
uricemìa	sf	tasso di acido urico nel sangue, che se abnorme può provocare dolore alle articolazioni
urite	sf	in zoologia ciascuno dei segmenti dell'addome degli insetti
urna	sf	tomba, sepolcro; vaso in cui si custodiscono le ceneri dei morti; cassetta per le schede elettorali
usa e getta	loc.	nel linguaggio commerciale detto di oggetti di uso immediato e poi da buttare
usbergo	sm	indumento protettivo del corpo dei guerrieri medioevali; armatura, protezione, difesa
usta	sf	odore lasciato dalla selvaggina nei luoghi dove è passata

usto	agg	bruciato, arso
ustorio	agg	che ha la capacità di bruciare
usucapiòne	sf	in diritto acquisto della proprietà di una cosa o di un diritto per un tempo determinato
usura	sf	prestito di una cosa o di denaro ad interesse superiore a quello corrente o legale
usurpaziòne	sf	appropriazione con violenza o frode di un bene o diritto appartenente ad altri
utènsile	agg	che serve per l'uso pratico ovvero si dice di macchine operatrici per la lavorazione
utensìle	sm	arnese di uso manuale usato in cucina o dall'artigianato; pezzo usato da una macchina operatrice
utènte	sm	colui che usufruisce di un bene o di un servizio
ùtile	agg	che può servire al bisogno; che può dare vantaggio o profitto
utopìa	sf	formulazione di un assetto politico, sociale ed economico come oggetto d'ispirazione ideale
uzza	sf	aria fresca ed umida del mattino o della sera; brezzolina
ùzzolo	sm	voglia acuta e improvvisa, capriccio

LETTERA V

vacante	agg	privo del titolare
vacaziòne	sf	sospensione di un ufficio o di una carica; prestazione di un perito nominato dall'autorità giudiziaria per un periodo limitato di tempo
vaccino	agg/sm	bovino, di vacca; preparato volto all'indurre da parte dell'organismo una risposta immunitaria
vagheggiare	vtr	contemplare in modo ammirato, tenero; desiderare intensamente, fantasticare
vàglio	sm	apparecchio che serve a separare elementi di diverse pezzature
vaginismo	sm	contrazione spastica dei muscoli vaginali che impediscono la penetrazione
vago	agg	indeterminato; desideroso, voglioso; leggiadro, grazioso
valgo	agg	di arto o segmento di arto voltato in fuori rispetto all'asse mediano (alluce valgo)
vallo	sm	opera di fortificazione e di difesa
valsènte	sm	valore commerciale, prezzo di un bene
vanaglòria	sf	smodato compiacimento o vanto per meriti inesistenti
vàndalo	sm	colui che distrugge cose di valore per stupida esibizione o gretta ignoranza

vangèlo	sm	ciascuno dei quattro libri del Nuovo Testamento che narrano nascita, vita e morte di Gesù
vangile	sm	ferro fissato ortogonalmente al manico della vanga su cui si forza il piede
vanescènte	agg	che svanisce a poco a poco
vanèsio	agg	scioccamente fatuo e vanitoso
vanità	sf	frivolo compiacimento delle proprie qualità; la condizione di essere priva di consistenza materiale; l'essere inefficace, inutile, senza effetto
vanto	sm	merito, pregio, gloria
variegato	agg	variamente colorato, con tinte diverse di colore disposte a strisce
vascolare	agg	che riguarda i vasi con riferimento a quelli sanguigni o linfatici
vasistas	sm	finestra o parte di finestra con apertura attorno ad un asse orizzontale
vassallo	sm	nella società feudale uomo libero che si assoggettava ad un signore in cambio di protezione
vaticìnio	sm	predizione di avvenimenti futuri
vecchiume	sm	insieme di cose vecchie, senza valore
vedétta	sf	luogo alto scelto per l'osservazione; sentinella posta di vedetta; piccola unità di scorta ai convogli
vedrétta	sf	ghiacciaio di limitate dimensioni posto su di un pendio

vègeto	agg	che è pieno di vigore, che gode di ottima salute
velleitario	agg	colui che ha aspirazioni e programmi irrealizzabili
vellicare	vtr	sollecitare lievemente; stimolare, eccitare piacevolmente
velòdromo	sm	impianto sportivo per le competizioni ciclistiche costituito da una pista inclinata ad anello
vèltro	sm	cane da inseguimento e da presa simile al levriero
venale	agg	ciò che è oggetto di mercato
veneràbile	agg	degno di venerazione, stesso significato anche venerando
ventrale	agg	relativo al ventre; rivolto verso terra (es: salto ventrale)
ventrìloquo	sm	persona in grado di parlare senza muovere le labbra
venustà	sf	perfezione di bellezza nelle forme e nella leggiadria dei movimenti
verbosità	sf	prolissa sovrabbondanza di parole
verderame	sm	solfato di rame usato come anticrittogamico
verdètto	sm	decisione di una giuria
verecóndia	sf	atteggiamento riservato e timoroso riconducibile ad un naturale senso del pudore
vergatura	sf	l'operazione di vergare listare con strisce parallele carta o tessuto

verismo	sm	corrente letteraria caratterizzata da una narrazione di rigorosa rispondenza alla verità
vernàcolo	agg/sm	nativo, paesano; lingua parlata in un determinato luogo
vernice	sf	patina di copertura colorata da passare in strati sottili su vari materiali per protezione o bellezza; cerimonia d'inaugurazione di una mostra soprattutto pittorica
verònica	sf	figura della corrida con esposizione della cappa davanti al muso dell'animale
vèrro	sm	maschio del maiale adibito alla riproduzione
versàtile	agg	che gira o che si svolge facilmente; colui che ha facilità d'apprendimento in varie discipline
vessare	vtr	tormentare, opprimere
vestigia	sf/pl	tracce, segni, ricordo, memoria
vèto	sm	rifiuto, opposizione, proibizione
vetriolo	sm	acido solforico di elevate proprietà corrosive
vettovàglie	sf/pl	che riguarda il vitto ovvero quanto è necessario al mantenimento di una comunità
vetusto	agg	antico, ma con senso di grandezza e venerabilità
vezzóso	agg	che ha una naturale grazia, leggiadria, a volte anche leziosa

viària	sf	indennità per spese di viaggio
viàrio	agg	che riguarda le vie, le strade urbane
viàtico	sm	insieme delle cose necessarie per un viaggio; quanto può servire di sostegno in una attività; nel linguaggio ecclesiale l'eucarestia amministrata ai moribondi
vibrissa	sf	nome di particolari peli dotati di particolari proprietà sensoriali; Es: i peli delle narici
vicàrio	sm	chi esercita un'attività o una funzione in sostituzione di altra persona di grado superiore
vicissitùdine	sf	esperienza di vita dolorosa e difficile
vilipèndio	sm	manifestazione di scherno, ingiuria, di disprezzo
villico	sm	abitante della campagna
villoso	agg	pieno di peli
vinàccia	sf	residuo della spremitura dell'uva da cui per distillazione si ricava la grappa
vinavìl	sm	tipo di colla a freddo per l'incollaggio di legno e materie plastiche
virago	sf	donna dal comportamento mascolino
virile	agg	pertinente all'uomo; coraggioso

virtuale	agg	esistente potenzialmente
virtuosismo	sm	grande abilità tecnica
virulènza	sf	in batteriologia capacità di alcuni organismi di provocare manifestazioni patologiche; asprezza, durezza, violenza aggressiva
vis à vis	loc fr	faccia a faccia
vischióso	agg	di consistenza appiccicosa, attaccaticcia
viscónte	sm	titolo nobiliare che nella gerarchia araldica segue quello di conte
vistóso	agg	ostentato, che dà nell'occhio, appariscente
vitalìzio	agg	che dura per tutta la vita
vitamina	sf	sostanza organica indispensabile per la vita
vitupèrio	sm	grave offesa, ingiuria infamante
vivacchiare	vint	vivere alla meglio, mediocremente, stentatamente
viveur	s fr	raffinato gaudente dei piaceri della vita
vivìdo	agg	vivace, rigoglioso; che ha una luminosità intensa
vivisezióne	sf	dissezione anatomica eseguita su animali vivi; indagine minuziosa e severa
vocalizzo	sm	in musica esercizio canoro elementare eseguito su vocali

vocato	agg	tendente, portato o disposto naturalmente
vociferare	vtr/intr	propagare notizie incontrollate
vol-au-vent	loc fr	pasta sfoglia cotta a forma di contenitore da riempire con vari ingredienti
volitivo	agg	di chi ha una forte volontà; chi denota decisione e fermezza
voltafàccia	sm	cambiamento improvviso di idee, di opinioni, di atteggiamenti; così come voltagabbana
voluttuàrio	agg	rivolto a soddisfare i piaceri o comunque di cose non strettamente necessarie
vòmere	sm	lama d'acciaio dell'aratro appuntita anteriormente che taglia orizzontalmente il terreno
vorace	agg	che mangia molto, avido di cibo; di persona che consuma avidamente
voyeur	sm fr.	guardone, chi prova piacere ad assistere a scene erotiche
vulgata	sf	versione latina della Bibbia fatta da san Girolamo e adottata dalla Chiesa cattolica
vulneràrio	agg	di pianta o sostanza vegetale con proprietà cicatrizzanti

LETTERA W

wafer	sm	biscotto leggero costituito da due o più cialde imbottite di crema o cioccolato

walhalla	sm ted	paradiso degli eroi caduti in battaglia nella mitologia germanica
walkie-talkie	loc ing	ricetrasmettitore portatile
wassermann	agg/sf	reazione di esame per la ricerca della sifilide
watt	sm	unità di potenza dell'energia elettrica
week-end	loc ing	fine settimana
welter	pl ing	categoria dei pugili di peso medio-leggero
western	agg ing	film d'avventura ispirato alla vita dei cowboys
winchester	s ing	tipo di carabina a ripetizione
windsurf	s ing	sport sull'acqua con una vela

LETTERA X

xantocromìa	sf	colorazione giallastra delle palme delle mani e dei piedi a causa del diabete
xèno	sm	elemento chimico appartenente al gruppo dei gas rari
xenofobia	sf	avversione indiscriminata verso gli stranieri, becero nazionalismo
xeres	sm	vino bianco liquoroso spagnolo detto anche in inglese sherry

xeròfito	agg	di pianta capace di sopportare la siccità Es: il cactus
xerografia	sf	stampa a secco con procedimento di duplicazione fotoelettrica
xeròsi	sf	malattia degenerativa delle congiuntive che portano all' opacità della cornea
xilòfago	sm	di animale che si ciba di legno vivo o morto, Es.le termiti, i tarli
xilòfono	sm	strumento musicale a percussione costituito da una serie di legni di diversa dimensione che, battuti con un martelletto, producono una serie di note

LETTERA Y

yacht	s ing	nave da diporto di almeno qualche decina di tonnellate; panfilo
yak	s ing	bovino dell'altipiano del Tibet
yankee	s ing	nome dato agli statunitensi
yard	s ing	unità di misura inglese, di lunghezza pari a 0,9144 metri
yen	s giap	unità monetaria giapponese
yéti	sm	abominevole uomo delle nevi = essere mostruoso dell'Himalaya
yiddish	sm	dialetto parlato dagli ebrei dell'Europa centrale

yoga	sm	complesso di tecniche ascetiche indiane
yo-yo	s ing	giocattolo consistente in una rotella su cui si avvolge uno spago legato ad un dito
yuan	s cin	unità monetaria cinese

LETTERA Z

zàcchera	sf	piccola chiazza di mota che rimane attaccata ai vestiti; inezia, cosa da poco
zàcchete		voce onomatopeica che esprime un colpo o taglio rapido
zaffata	sf	getto violento di liquido; ondata di puzzo sgradevole che arriva improvvisamente alle narici
zaffiro	sm	minerale di vari colori sull'azzurro; pietra preziosa; color azzurro limpido e trasparente
zaffo	sm	tappo di legno che, avvolto di canapa, serve a turare come tappo le botti; tampone di garza che, introdotto in cavità del corpo, serve a bloccare emorragie
zagàglia	sf	arma da offesa, simile alla lancia, usata da popoli primitivi
zàgara	sf	fiore profumatissimo degli aranci o dei limoni
zamarra	sf	lega metallica di zinco, alluminio e magnesio per oggetti idraulici o di cucina

zampetto	sm	zampa di maiale, di vitello o di agnello, macellata e lessata
zampone	sm	salume con carne e grasso triturati insaccati nella pelle delle zampe anteriori del maiale
zana	sf	culla di contadini fatta con stecche di legno intrecciate; cunetta a lato di strade o campi per lo scolo dell'acqua
zàngola	sf	macchina per la fabbricazione del burro costituita da recipiente chiuso in cui si sbatte la panna
zanna	sf	ciascuno dei due denti lunghi e ricurvi sporgenti dalla bocca di alcuni animali
zanni	sm	pagliaccio, maschera primitiva bergamasca furba (Brighella) o sciocca (Arlecchino)
zappa	sf	attrezzo agricolo manuale costituito da una lama trapezoidale fissata trasversalmente ad un manico di legno, usata per tagliare o spianare il terreno
zarina	sf	moglie dello zar
zàttera	sf	galleggiante rettangolare formato da tronchi collegati insieme
zavòrra	sf	insieme di pesi stipati sulla nave per migliorarne l'assetto; negli aerostati carico di sabbia o acqua avente la funzione di equilibrare la forza ascensionale
zàzzera	sf	capigliatura, soprattutto maschile, lunga e scomposta
zebedèi	sm pl.	equivalente di testicoli

zécca	sf	officina governativa di conio delle monete; acaro parassita succhiante il sangue degli animali
zéccola	sf	piccola pagliuzza che rimane impigliata nel pelo degli animali
zendado	sm	ampio scialle nero delle donne veneziane; drappo sottilissimo, velo
zèfiro	sm	leggero vento ponente che soffia soprattutto in primavera
zelante	agg	che ha e mostra impegno, operoso
zèn	sm	tecnica di meditazione giapponese
zènit	sm	relativamente ad un punto della terra l'intersezione della verticale da quel punto con la sfera celeste
zéppa	sf	pezzo di legno che tura o chiude, anche bietta; rimedio improvvisato; gioco enigmistico
zerbino	sm	tappetino che si mette innanzi agli ingressi per la pulizia delle scarpe
zerbinòtto	sm	giovanotto ostentatamente galante (scherzoso o spregiativo)
zibaldone	sm	vivanda composta di svariati ingredienti; mucchio confuso di coe o persone; quaderno di appunti
zigare	vintr	lo stridere del coniglio, gridare, sgridare
zigòte	sm	cellula risultante dall'unione e fusione dei gameti della riproduzione sessuale (l'uovo fecondato)
zigrinatura	sf	il trattamento di pelli, tessuti in modo da renderli granulosi e ruvidi; impronta di

sottili righe o tratteggio

zimarra	sf	mantello lungo e largo
zimbèllo	sm	richiamo di uccello prigioniero per la cattura di altri; persona oggetto di riso o di scherno
zincatura	sf	copertura di oggetti di ferro o acciaio con una sottile lamina di zinco
zincografìa	sf	procedimento d'incisione in rilievo su lastre di zinco da usarsi come matrici per la stampa
zinzino	sm	quantità piccolissima di cibi o bevande; come avverbio "un zinzino" ovvero un pochino
zip	sm/sf	cerniera lampo
zìpolo	sm	pezzetto cdi legno cilindrico e a punta per turare il buco delle botti da cui si spilla il vino
zirlare	vintr	emettere zirli, versi caratteristici del tordo
zizza	sf	mammella
zizzània	sf	pianta graminacea infestante; discordia, dissapore, contrasto
zìzzola	sf	sinonimo di giuggiola, cosa da niente
zòccola	sf	topo di chiavica; prostituta con senso spregiativo
zodìaco	sm	zona della sfera celeste divisa in 12 parti corrispondenti alle 12 costellazioni zodiacali

zombi	sm/sf	individuo con stato psicofisico di estremo decadimento; morto vivente nel rito vodù
zonizzazione	sf	in urbanistica suddivisione del centro abitato in zone definite in base alla loro destinazione
zoocoltura	sf	allevamento di animali a fini alimentari
zoòfilo	sm	che ama e protegge gli animali
zoologìa	sf	scienza che studia la via del mondo animale
zoom	sm	obiettivo cine-fotografico con distanza focale variabile
zòtico	agg	rozzo, incivile, ignorante
zuavo	sm	corpo militare misto francese-algerino; al femminile "alla zuava" s'intendono pantaloni ampi, corti, stretti sotto il ginocchio; dicesi anche di giacchetta corta alla vita
zuccone	sm	testa grossa, testone; persona ottusa
zumata	sf	inquadratura veloce ed in primo piano del soggetto da fotografare
zuppièra	sf	recipiente tondo e panciuto per portare in tavola la minestra
zuppo	agg	molto bagnato, fradicio
zurlare	vintr	scherzare, manifestare chiassosamente la propria allegria
zuzzurellóne	sm	persona adulta che si comporta come un bambino, spensierato e amante del gioco

APPENDICE

VOCABOLARIO LATINO

Vocabolario di parole e frasi della lingua latine usate correntemente nella lingua italiana

LETTERA A

ab imo pectore = dal profondo del petto
ab initio = dall'inizio
ab ovo usque ad mala = dall'inizio alla fine
ab uno disce omnes = da uno capisci come sono tutti
ab urbe condita = dalla fondazione di Roma
acta est fabula = lo spettacolo è finito
ad abundantiam = per aggiungere, in più
ad gloriam = per la gloria, senza interesse materiale
ad hoc = ancora, inoltre, adatto al caso (si dice di persona, provvedimento, oggetto)
ad hominem = fatto o predisposto per una persona
ad honorem = per onore, in onore di (si dice di carica o titolo senza retribuzione)
ad impossibilia nemo tenetur = nessuno è tenuto a fare l'impossibile
ad interim = nel frattempo, temporaneamente
a latere = a fianco si dice di persona che affianca un altro nelle sue funzioni

ad libitum = a piacere, a volontà
ad litteram = alla lettera, parola per parola
ad maiora = a tempi migliori
ad maioram Dei gloriam = a maggior gloria di Dio
ad meliora = a cose migliori
ad mentem = secondo il pensiero
ad multos annos = per molti anni
ad personam = finalizzato alla singola persona, non trasmettibile ad altri
ad unguem = cosa di singolare perfezione
ad unum omnes = dal primo all'ultimo
ad usum Delphini = libro o qualsiasi cosa modificata o accomodata secondo interessi di parte
aere perennius = più duraturo del bronzo, per una durata infinita
a fortiori = a maggior ragione, tanto più
age quod agis = quel che fai fallo bene
alea iacta est = il dado è tratto, non si può tornare indietro
alias = altrimenti, interposizione fra il nome di una persona ed il suo pseudonimo
alter ego = altra persona che fa le veci
ante litteram = pensiero o persona che precorre i tempi
apertis verbis = a chiare lettere
a posteriori = che viene dopo
a priori = che viene prima
arbiter elegantiae (o elegantiarum) = giudice di raffinatezza
audaces fortuna iuvant = la fortuna aiuta gli audaci

LETTERA B

bellum se ipsum alet = la guerra nutre sé stessa
bis dat qui cito dat = dà due volte chi presto dà
bis pueri senes = i vecchi sono bambini due volte
Bononia docet = Bologna insegna

brevi manu = direttamente, senza intermediari
busillis = punto difficile, il cuore del problema

LETTERA C

caput imperare non pedes = a comandare è la testa non i piedi
carmina non dant panem = la poesia non dà di che mantenersi
Carthago delenda est = Cartagine deve essere distrutta, fare piazza pulita
carpe diem = affferra il giorno, cogli l'attimo
casus belli = circostanza che offre il pretesto per una guerra; motivo di contrasto
casus foederis = in un trattato si indica l'intervento di un contraente a favore di altri
cave canem = guardati dal cane
cibi condimentum esse famem = la fame è il condimento del cibo
cogito ergo sum = penso quindi sono
compos sui = padrone della propria mente, sicuro di sé, delle proprie azioni
consummatum est = tutto è finito
condicio sine qua non = condizione senza la quale non si va avanti
coram populo = alla presenza di tutti
cui prodest? = a chi è utile?
cum grano salis = con un pizzico di sale, con un po' di prudenza

LETTERA D

damnatio memoriae = condanna della memoria di una persona
dattilo = primo elemento di parole composte con la parola dito; es. dattilografia
de auditu = per sentito dire
de gustibus non disputandum = sui gusti personali non si discute

de profundis = ultimo saluto
deus ex machina = colui che risolve i problemi, soluzione provvidenziale
de visu = con i propri occhi, direttamente
divide et impera = dividi e comanda
dulcis in fundo = il dolce è alla fine. Il bello viene alla fine

LETTERA E

erga omnes = nei confronti di tutti
ergo sum qui sum = sono quello che sono
errare humanum est, perseverare autem diabolicum = sbagliare è umano,   perseverare è diabolico
est modus in rebus = c'è una misura nelle cose
ex abrupto = all'improvviso
ex aequo = alla pari, con ugual merito, in parti uguali
ex nihilo nuhil est = dal niente nulla si ricava
excusatio non petita, accusatio manifesta = scusa non richiesta, accusa manifesta
ex voto = dono offerto alla divinità per una grazia ricevuta

LETTERA F

facis de necessitate virtude = fai di necessità virtù
fiat lux = sia fatta luce, si chiarisca
fiat voluntas tua = sia fatta la tua volontà
fortuna caeca est = la fortuna è cieca

LETTERA G

gaudeamus igitur = godiamo dunque, viviamo senza pensieri
gloria victis = gloria ai vinti (se si sono battuti per una giusta causa)
gratis et amore Dei = per grazia ed amore di Dio, gratuitamente

LETTERA H

habeas corpus = dal diritto inglese a quello internazionale ed infine a quello italiano della "inviolabilità della persona", della libertà della persona

habemus papam = abbiamo il pontefice, finalmente l'attesa è finita

hac lupi hac canes = di qua i lupi di là i cani, senza via d'uscita

hic sunt leones = qui ci sono i leoni, c'è un pericolo incombente

historia magistra vitae = la storia è maestra di vita

hodie mihi, cras tibi = oggi a me, domani a te

homo faber fortunae suae = ognuno è artefice della sua fortuna

homo hominis lupus = un uomo è spesso nemico dei suoi simili

homo proponit sed Deus disponit = l'uomo propone ma Dio dispone

honoris causa = titolo accademico dato per meriti eccezionali

horribile visu = orribile a vedersi

LETTERA I

ictu oculi = visto e piaciuto

ignorantia legis non excusat = l'ignoranza della legge non scusa

in cauda venenum = nella coda il veleno ossia attenzione fino in fondo

in dubio pro reo = nel dubbio si favorisce l'imputato

in hoc signo vinces = sotto questo segno vincerai (apparso a Costantino)

in illo tempore = in quel tempo

in media stat virtus = la virtù sta nel mezzo

in rerum natura = nell'ordine naturale delle cose

incredibile dictu = incredibile a dirsi

intelligenti pauca = a buon intenditor poche parole

in vitro = si dice di processo biologico riprodotto in laboratorio

ipso facto = nel medesimo istante

LETTERA L

labor omnia vincit = la fatica vince ogni cosa, tutto si può ottenere
lapsus linguae = parola detta non intenzionalmente
legittima suspicione = per un legittimo sospetto
lex iniusta non est lex = la legge ingiusta non è legge
lippis et tonsoribus = conosciuto dai miopi e dai barbieri, noto a tutti
lupus in fabula = espressione riferita all'arrivo di una persona di cui si sta parlando

LETTERA M

maiora premunt = ci sono cose più urgenti da fare
mala tempora currunt = corrono cattivi tempi
manus manum lavat = una mano lava l'altra
mater certa, pater numquam = la madre è sicura, il padre mai
mea culpa, mea culpa, mea maxima culpa = per mia esclusiva colpa
melius abundare quam deficere = meglio abbondare che scarseggiare
memento audere semper = ricordati di osare sempre
memento mori = ricordati che devi morire
mendacem memorem esse oportet = il bugiardo deve avere buona memoria
mens sana in corpore sano = mente sana in corpo sano
mirabile dictu= incredibile a dirsi
modus operandi = modo di operare, di agire in una determinata attività
modus vivendi = norma di vita fra persone o stati
mors tua vita mea = morte tua vita mia

LETTERA N

ne bis in idem = non due volte nel medesimo fatto
ne quid nimis = non esagerare in nulla
ne plus ultra = non oltre, basta così
nemo propheta in patria = nessuno è profeta in patria, il riconoscimento dei tuoi meriti è più facile averlo all'estero o da chi non ti conosce
nihil sub sole novum = niente di nuovo sotto il sole
non licet = non è lecito, non è permesso
non plus ultra = non più oltre
n**on scholae sed vitae discimus** = non impariamo per la scuola ma per la vita
nosce te ipsum = conosci te stesso

LETTERA O

obtorto collo = obbligato
oculum pro oculo et dentem pro dente = occhio per occhio, dente per dente
oculus domini saginat equum = l'occhio del padrone ingrassa il cavallo
omissis = formula che indica l'omissione in un testo di parole ritenute non pertinenti
omnia mutantur, nihil interit = tutto cambia, nulla muore
omnium = nello sport gara a cui partecipano atleti di varie categorie; società finanziaria di controllo
ora et labora = prega e lavora (motto di San Banedetto)
ora pro nobis = prega per noi
orator fit, poeta nascitur = oratore si diventa ma poeta si nasce

LETTERA P

palma res = elenco o classifica dei premiati, anche, raccolta delle vittorie
o dei successi di un atleta o, ancora, la migliore produzione di un autore
panem et circenses = pane e divertimenti
panta rei = tutto passa
pax et bonum = pace e bene (formula di saluto di San Francesco)
pecunia non olet = il denaro non puzza *per vie anguste a cose grandi*
per aspera ad astra = per vie aspre, difficili a cose grandi
per angusta ad augusta = attraverso le difficoltà si può arrivare a grandi cose
potius sero quam numquam = meglio tardi che mai
prima digestio fit in ore = la prima digestione avviene in bocca
primum facere deinde philosophari = prima fa poi filosofeggia
primus inter pares = pari dignità con gli altri
pro bono pacis = per il bene della pace
pro capite = a testa, per ciascuno
pro domo sua = a suo vantaggio
puta caso = eventualmente, metti il caso che...

LETTERA Q

quaestio = questione, problema, interrogatorio con tortura; disputa scolastica
qualis pater talis filius = quale padre tale figlio
quantum satis = quanto basta
qui gladio ferit gladio perit = chi di spada ferisce di spada perisce
qui non est mecum, adversus me est = chi non è con me è contro di me
quieta non moves = non muovere ciò che è tranquillo

quod libet = ciò che piace
quo vadis? = dove vai?
quod dixi dixi = quello che ho detto è
quod erat demonstrandum = come volevasi dimostrare

LETTERA R

rebus sic stantibus = stando così le cose
refugium peccatorum = rifugio dei peccatori,
relata refero = riferisco cose riferite, non si garantisce la veridicità
repetita iuvant = giova ripetere le cose
requiescat in pace = riposa in pace
risus abundat in ore stultorum = il riso abbonda sulla bocca degli stolti

LETTERA S

semel in anno licet insanire = una volta l'anno è lecito impazzire
senectus ipsa est morbus = la vecchiaia stessa è una malattia
si vis amari, ama = se vuoi essere amato ama
si vis pacem para bellum = se vuoi la pace prepara la guerra
sic et simpliciter = così semplicemente
sine die = a tempo indeterminato
sub iudice = sotto giudizio
superflua non nocent = le cose in più non sono dannose
sursum corda = (leviamo) in alto i cuori

LETTERA T

tabula rasa = tavola pulita, partiamo da zero
talis pater, talis filius = tale padre, tale figlio
testis unus testis nullus = un solo testimone non è sufficiente

tristis eris si solus eris = sarai triste se sarai solo

LETTERA U

ubi maior minor cessat = dove c'è il superiore il sottoposto tace, si adegua
ubi mel ubi fel = dove c'è il miele c'è il fiele
ultima (extrema) ratio = misura estrema, ultima soluzione
una tantum = una volta tanto, solo per una volta
urbi et orbi = a Roma e al mondo, rivolto a tutti (es: benedizione del papa)

LETTERA V

vade retro Satana! = va indietro Satana, non mi tentare
vae solis = guai a chi è solo
vae victis = guai ai vinti
veni, vidi, vici = venni, vidi, vinsi (lo disse Cesare passando il Rubicone), risoluzione di un problema in pochissimo tempo
verba volant, scripta manent = le parole volano, gli scritti restano
veritas filia temporis = la verità è figlia del tempo
vox clamantis in deserto = una voce che urla nel deserto (non serve a nulla)
vox populi, vox dei = voce del popolo voce di Dio